BRINA STEIN
Kreuzfahrt mit Papa

Für meine lieben Eltern, zur Erinnerung an eine wunderschöne Adria-Kreuzfahrt!

Kreuzfahrt mit Papa

Ein Roman von Brina Stein

Impressum

Besuchen Sie uns im Internet:
www.wellengefluester-verlag.de
Taschenbuchausgabe

1. Auflage Februar 2021

Alle Rechte vorbehalten.

Das Werk, einschließlich seiner Teile, ist urheberrechtlich geschützt. Jede Verwertung ist ohne Zustimmung des Verlags unzulässig. Dies gilt insbesondere für die elektronische oder sonstige Vervielfältigung, Übersetzung, Verbreitung und öffentliche Zugänglichmachung.

Umschlaggestaltung & Satz: Attila Hirth
Lektorat: Hubert Quirbach
Bildnachweis: Shutterstock, Depositphotos
Verwendung: Attila Hirth

Printed in EU
ISBN – Print 978-3-948510-08-4
ISBN – E-Book 978-3-948510-09-1

Die Deutsche Nationalbibliothek verzeichnet diese Publikation in der Deutschen Nationalbibliographie.

© 2021 Wellengeflüster Verlag, Dirk-Olaf Reulecke, Am Forsthaus 2a, 65817 Eppstein.

Autorin Brina Stein

Sabrina Reulecke schreibt unter dem Namen Brina Stein. Sie wurde in Berlin geboren, ist in Lübeck aufgewachsen und lebt heute mit ihrem Mann im Taunus. Vor über neunzehn Jahren hat sie die Kreuzfahrt für sich entdeckt. Auf weit über 50 Kreuzfahrten war sie fasziniert von den Möglichkeiten, in einem Urlaub verschiedenste Länder zu entdecken und begann, das Reisen mit dem Schreiben zu verbinden. Ihre Reiseerlebnisse wurden so zur Vorlage ihrer fiktiven Kreuzfahrtgeschichten.

Seit ihrem Debüt im Jahre 2012 hat sie insgesamt sechs Bücher der Wellengeflüster-Buchreihe in Verlagen veröffentlicht. Außerdem erschien im Würzburger Verlagshaus Stürtz ein Bildband zu ihrer Kreuzfahrt um die Welt. Eine maritime Anthologie als Herausgeberin mit neun anderen Autoren und der Ratgeber *Echte Kreuzfahrterlebnisse* runden ihre bisherigen Veröffentlichungen ab.

Mit dem Krimi *Mord im Schatten des Turms* begab sich die Autorin 2020 in ein für sie neues Genre, den Krimi. Nun kehrt die Autorin aber zurück in ihr erstes Genre, den Kreuzfahrtroman.

Inhalt

Der Abend davor ... 9
Kapitel 1 – Venedig bringt einen neuen Michael! ... 23
Kapitel 2 – „Oh, Papa" in Opatija ... 45
Kapitel 3 – Seetag auf dem *Traumschiff* ... 65
Kapitel 4 – Mykonos bringt frischen Wind! ... 87
Kapitel 5 – Gefühlschaos in Kotor ... 109
Kapitel 6 – Heimliche Küsse in Dubrovnik ... 131
Kapitel 7 – Koper bringt eine Weltreise ... 153
Kapitel 8 – Zurück in Venedig ... 175
Drei Monate später ... 193
Danke ... 199

Prolog
Der Abend davor ...

Sabine lief nun schon das dritte Mal innerhalb der letzten Stunde vom Schlafzimmer ins Wohnzimmer, wo das Mobilteil ihres Festnetzgeräts lag. Sie musste gar nicht erst auf das Display schauen, denn für Papa hatte sie schon seit Langem einen bestimmten Klingelton in ihrem Telefon eingestellt. Es war eine Mischung zwischen einem Militärmarsch und dem Rauschen des Meeres. Sie drückte den Annahmeknopf: „Papa?"

„S-a-b-i-n-e", begann er und zog wie immer ihren Vornamen unendlich in die Länge.

Sie trommelte nervös mit den Fingern auf der Glasplatte des Wohnzimmertisches. Es war jetzt 21 Uhr, der Koffer war noch lange nicht fertig gepackt und um 22 Uhr hatte sie ihren Nachbarn Ralf auf ein Glas Wein eingeladen. Er sollte in der kommenden Woche ihre Blumen gießen, wenn sie mit Papa auf Reisen ging. Wie immer nervte sie die überaus korrekte Form ihrer Namensnennung. Niemand auf der Welt nannte sie S-a-b-i-n-e! Das klang auch irgendwie so bieder. Sie war die Bini, ob im Job, privat oder in ihrer Stammkneipe um die Ecke. S-a-b-i-n-e nannte sie nur ihr Vater und früher eben Mama.

„Was ist denn jetzt noch?", fragte sie unwirsch und ohne Begrüßung in den Hörer.

„Ich habe jetzt noch mal ganz genau die Reiseunterlagen durchgelesen. Auch das Kleingedruckte. Zehn Seiten! Da gibt es noch einiges zu beachten. Also, ich beginne mal auf Seite drei", erläuterte Papa, wurde aber sofort von seiner Tochter unterbrochen:

„Bring es bitte auf den Punkt, ich habe meinen Koffer immer noch nicht fertig gepackt."

„Du weißt nun seit vier Wochen, dass wir zusammen verreisen, warum müsst ihr jungen Leute alles immer auf den letzten Drücker erledigen", echauffierte sich ihr Vater und schüttelte mit dem Kopf, was Sabine natürlich nicht sehen konnte.

Sie selbst tat dies ebenfalls, doch aus einem ganz anderen Grund. Erstens empfand sie sich selbst mit 49 Jahren überhaupt nicht mehr als jung und zweitens wurde ihr gerade bewusst, dass sie ab morgen tatsächlich eine ganze Woche mit ihrem Vater verbringen würde. Sie lebte schon lange in Berlin, er in Husum, wo sie aufgewachsen war und wo rein gar nichts los war. Papa war früher Fischer gewesen und fast 50 Jahre zur See gefahren. Nach dem Abi war sie förmlich geflüchtet aus der elterlichen, ländlichen Obhut und hatte ihr Studium im Bereich Marketing nur zu gern in der Großstadt aufgenommen, die schließlich 1990 wieder zur Hauptstadt wurde. Zu diesem Zeitpunkt arbeitete sie als Studentin bereits für eine große Marketingfirma und organisierte die komplette PR-Arbeit für die große Einheitsfeier. Auf einem Charité-Event der Einheitsfeierlichkeiten hatte sie den berühmten Herzchirurgen Michael Berg kennengelernt. Zwischen Kanapees und einigen Rednern war der Funke übergesprungen und Michael, gebürtiger Berliner mit hervorragenden Kontakten, hatte dafür gesorgt, dass seine neue Freundin mit ihrer Agentur schließlich komplett in die Berliner High Society aufgestiegen war. Er war im ehemaligen Osten aufgewachsen und wie oft hatte Bini ihn ihren Jungen aus Ost-Berlin genannt. Eine Liebe, die sich normalerweise nie gefunden hätte, wäre die Grenze nicht gefallen. 1999 hatten sie geheiratet und immerhin fast 20 Jahre eine, wie sie fand, glückliche Ehe geführt. Den Wunsch nach Kindern hatten sie beide nicht verspürt, da sich jeder mit seinem Business ausgelastet gefühlt hatte. Der Traum war im letzten November zerplatzt, als Michael ihr erklärt hatte, dass seine neue Assistentin im Büro doch mehr als nur eine Mitarbeiterin für ihn sei und er aus der gemeinsamen Villa im Grunewald ausziehen würde. Sabine hatte ihn ungläubig angesehen. Das Gespräch war ihr so unwirklich vorgekommen. Sie war erst an diesem Tag von einem großen Kongress zum Thema Social-Media-Marketing aus Wien zurückgekommen. Lächelnd, aber zähneknirschend bot sie ihm an, seinen Fehltritt, den er sich vermutlich geleistet hatte, zu verzeihen. So was könne schließlich mal passieren, selbst in einer guten Ehe. Doch Michael wand sich und sagte schließlich:

„Laura ist schwanger."

Bini war ihr Glas Rotwein aus der Hand gefallen. Der blütenweiße, teure Perserteppich hatte sich in Sekunden in eine Blutlache verfärbt. Damit hatte sie nicht gerechnet. Sie war zutiefst gekränkt und komplett ausgerastet. Sie hatte ihn angeschrien, geweint, war auf den Teppich gesunken und hatte mit beiden Fäusten auf den Boden geschlagen, womit sie den Rotwein weiter über das sich anschließende Parkett verteilt hatte. Doch das alles half ihr nicht. Am nächsten Tag hatte Michael seine Sachen gepackt und lebte fortan mit seiner Assistentin zusammen ein neues Leben.

Bini fasste sich nach einiger Zeit zumindest beruflich wieder, denn das Business durfte nicht leiden. Tief im Innern war sie jedoch noch immer zerrissen und traurig. Seitdem hatte sie jedes Date, jede Annäherung im Keim erstickt und es war nicht so, dass sie nicht gefragt worden wäre. Sie hatte viele männliche Bewunderer. Manche schienen sogar nur darauf gewartet zu haben, dass sie endlich frei war. Ihre langen, blonden Haare, die Michael immer so geliebt hatte, waren einem fetzigen Kurzhaarschnitt gewichen. Statt den dezenten Farben Schwarz und Grau trug sie nun auch mal knallige Farben in ihren Outfits wie Orange oder Gelb.

Die Scheidung war im Mai 2019 über die Bühne gegangen. Michael hatte darauf gedrungen, damit es noch vor der Geburt seines Kindes im Juni erledigt war. Erst auf dem Amtsgericht vor dem Richter war ihr klar geworden, dass Laura seit September schwanger gewesen sein musste. Er hatte aber mit ihr erst nach den berühmten zehn Wochen gesprochen. Ob Michael sich anders entschieden hätte, wenn die Schwangerschaft nicht funktioniert hätte?

„Also, man darf auf das Kreuzfahrtschiff keine Waffen, keine Drogen und auch keinen Alkohol mitbringen", holten Papas Worte Bini wieder zurück in die Gegenwart.

„Und?", war ihre Antwort. Sie schielte zur Uhr über dem Kamin, 21 Uhr 15.

„Was ist mit meinem Taschenmesser?", kam es wie aus der Pistole geschossen von Papa, „das habe ich doch immer mit."

Bini überlegte und meinte: „Pack es doch trotzdem ein, das ist ja keine richtige Waffe."

„Drogen habe ich sowieso keine", resümierte ihr Vater, „aber was ist denn mit meinen kleinen Fläschchen Underberg? Du weißt schon, der Bitter, wenn es mir mal im Magen nicht so gut ist. Müssen die zu Hause bleiben?"

„Trinkst du denn immer noch dieses Zeug?", wollte Sabine wissen, „dein Arzt hat dir doch eindeutig hochprozentige Getränke untersagt."

„Papperlapapp, was der Quacksalber redet", entrüstete sich nun Papa, „was soll mir mit knapp 80 Jahren noch passieren? Schlimmstenfalls käme ich in den Himmel, wo deine Mutter schon zehn Jahre auf mich wartet. Weißt du, wie oft ich der See als Fischer schon getrotzt habe? Ich hätte dutzendfach untergehen können!"

„Es gibt sicher auch einen Magenbitter auf dem Schiff", versuchte Bini ihren Vater zu beruhigen, „lass die Flaschen einfach zu Hause." Wie immer nervten sie seine *Seemannsgeschichten*. „Ich lege jetzt auf, ich muss wirklich packen. Wir sehen uns morgen Vormittag in Venedig am Flughafen, ja?"

„Okay", willigte Papa ein, „ich habe dich lieb, Küsschen."

„Küsschen zurück", war ihre beschwichtigende Antwort, dann drückte sie den Knopf, der die Verbindung trennte. Langsam ging sie zurück ins Schlafzimmer, setzte sich aber auf das Bett, anstatt zu packen. Michael und sie waren natürlich immer in all den Jahren auch nach Husum gefahren und hatten ihre Eltern besucht. Michael war ganz verliebt gewesen in die graue Stadt am Meer und ihre zahlreichen Fischrestaurants. Sehr gern hatte er immer Zeit am Hafen mit ihrem Papa und seinen Kollegen verbracht. Manchmal war er sogar nachts mit zum Fischfang rausgefahren, während sie lieber ausgeschlafen hatte. Ihre Verbindung zu den Eltern war immer herzlich gewesen, aber trotzdem fuhr sie immer lieber wieder weg aus Husum, als das sie dort ankam. Nach ihrer Hochzeit hatte ihre Mutter in den ersten Jahren noch von Enkeln gesprochen, doch das war irgendwann ausgeblieben. Niemals hatte sie das Gespräch mit Sabine dazu gesucht und ihr Vater schon gar nicht. Vor zehn Jahren, Michael und sie waren gerade im Urlaub auf Mauritius, ereignete sich ein schrecklicher Unfall und Sabines Mutter wurde mitten auf einer der Hauptstraßen von Husum von einem Bus überfahren. Sie war sofort tot. Den Fahrer traf damals keine Schuld. Elisabeth war so plötzlich auf die Straße gelaufen, dass er nicht mehr bremsen konnte. Seitdem lebte Papa allein. Nach anfänglicher Sorge kam er aber gut zurecht, und Sabine nahm ihr normales Leben wieder auf. Papa hatte auf Michaels Auszug mit Verständnis reagiert, aber so richtig hatten sie darüber auch nicht gesprochen. Natürlich verbrachten sie das Weihnachtsfest zusammen, doch keiner von beiden sprach das leidige Thema an. Da jedoch Papas großer Freundeskreis an den Feiertagen auch fast immer um sie herum gewesen war, hatte es auch wenig Gelegenheit dazu gegeben. Bereits am Abend des zweiten Feiertages war Bini wieder nach Berlin geflohen und hatte Termine vorgetäuscht. In Wahrheit hatte sie keine bis zum Neujahrstag gehabt. Den Jahresausklang hatte sie mehr oder weniger in der Villa weinend zwischen Sofa und Bett verbracht. Die laufenden Sissi- und Immenhoffilme im Fernsehen unterstützten sie noch in ihrer Melancholie. Im neuen Jahr fing sie sich ganz gut und ging sogar ab und zu aus. Allerdings waren ihre abendlichen Verabredungen stets rein geschäftlich. Recht schnell flatterten über Michaels Anwalt die Scheidungspapiere ins Haus. Er wollte Nägel mit Köpfen machen, sie ließ diese zunächst unbeantwortet. Über gemeinsame Freunde, die heute nicht mehr ihre waren, erfuhr sie, dass dieses Verhältnis schon zwei Jahre lang bestanden hatte. Und sie hatte es nicht bemerkt, aber alle hatten es bestimmt gewusst. Sie kam sich gegenüber der Berliner Gesellschaft bloßgestellt vor, überspielte das aber durch eiskalte Professionalität im Job.

Im Mai hatte ihr Vater sie dann mit dieser Kreuzfahrt im wahrsten Sinne des Wortes überrumpelt. Sie war über die Brückentage nach dem 1. Mai ein paar Tage nach Husum gefahren und hatte sich eigentlich auf ruhige Tage gefreut. Papa hatte sie mit seinem bevorstehenden 80. Geburtstag konfrontiert. Sie hatte insgeheim längst Pläne dafür gemacht. Er sollte mit dem Zug nach Berlin kommen, und sie wollte ihm die schöne Insel Rügen zeigen. Das beste Hotel am Platz mit zwei wunderschönen Doppelzimmern hatte sie bereits gebucht. Doch Papa hatte ihr seine ganz anderen Pläne mitgeteilt:

„Meinen 80. Geburtstag verbringe ich mit dir in Dubrovnik. Dorthin haben damals deine Mutter und ich 1964 die Hochzeitsreise gemacht. Das ist 55 Jahre her."

Sabine wusste das natürlich und hatte zustimmend genickt. Dann eben nach Kroatien, hatte sie gedacht, da würde es ja inzwischen auch vernünftige Hotels geben. Es müssten nur Flüge gebucht werden, was ja auch nicht das Problem wäre, finanziell schon gar nicht.

„Papa, das ist doch eine schöne Idee", hatte sie gesagt, „da buche ich gleich mal was Passendes."

„Das brauchst du nicht", hatte ihr Vater geantwortet und in seiner Stimme klang ein gewisser Stolz. „Das ist alles schon erledigt."

Bini hatte ihn überrascht, aber sehr wohlwollend betrachtet, was er sofort als Zustimmung aufgenommen hatte. Er kannte schließlich seine Tochter seit 49 Jahren und kein Blick von ihr war ihm fremd. Umständlich stand er auf und kramte einige Papiere aus seinem Sekretär: „Wir machen eine Kreuzfahrt in der Adria. Ich habe alles schon gebucht. Eine Suite mit Balkon und zwei Schlafzimmern. So ein Butler soll auch da sein. Das Badezimmer müssen wir aber teilen."

Sabine hatte fast der Schlag getroffen bei der Verkündung. Ob sie so viel Nähe ihrem Vater gegenüber zulassen könnte? Und ob sie das wollte? „Eine Kreuzfahrt?", hatte sie ungläubig gefragt.

„Ja", hatte Papa fröhlich geantwortet, „die Dame vom Reisebüro hat lange gesucht, aber das ist das einzige Schiff, das an meinem Geburtstag im Hafen von Dubrovnik liegt. Toll, was? Da ist Mama dann irgendwie auch bei uns."

Bini hatte in ihrem Leben mit Michael schon einige Kreuzfahrten gemacht. Natürlich alle im feinen 5-Sterne-Segment. Ihr Vater dagegen noch nie. „Wie heißt denn das Schiff?", fragte sie, war auf alles gefasst und hoffte trotzdem, dass es jetzt nicht so ein riesengroßes Kreuzfahrtschiff mit Massentourismus sein würde.

„Sea Princess", war seine Antwort.

„Papa, das ist eine amerikanische Reederei. Die Bordsprache wird Englisch sein. Ähm", sie räusperte sich leicht, „kommst du denn da zurecht?"

Ihr Vater haute sich lachend auf die Schenkel: „Na, du fährst doch mit mir, da mache ich mir gar keine Sorgen und notfalls bringe ich dem Butler eben Deutsch bei. Und vielleicht kann ich dem Kapitän beim Navigieren helfen, ich kenne mich ja mit kleinen Booten aus!"

Plattdeutsch, dachte Sabine für sich, denn ihr Vater verfiel sehr oft in seinen Dialekt. Und sie versuchte, sich an den Gedanken Kreuzfahrt mit Papa zu gewöhnen. Das Gespräch war erst vier Wochen her, doch Bini hatte diese Kreuzfahrt seitdem gedanklich vor sich hergeschoben. Natürlich nicht die Planung. Ihren Flug in der Business-Class hatte sie sofort nach ihrer Rückkehr nach Berlin gebucht. Nicht auszudenken, wenn sie dort keinen Platz mehr bekommen hätte.

Es klingelte. Sie raffte sich auf und ging zur Haustür. Ein Blick auf die Überwachungskamera zeigte, dass Ralf vor dem großen, elektrischen Gartentor stand. Sie betätigte den Summer. Das Tor öffnete sich. Sie sah, dass er eine Flasche in der Hand hielt und war froh, denn natürlich hatte sie es nicht geschafft, den eigentlich bereitstehenden Rotwein perfekt und auf Zimmertemperatur zu dekantieren. Sie öffnete die Haustür und Ralf trat strahlend ein. Er lachte eigentlich immer und war ein durch und durch positiver Mensch, wenn auch zehn Jahre jünger als sie. Aber deshalb waren sie ja auch nur Freunde.

„Ich habe uns eine Flasche Champagner mitgebracht, gut gekühlt", freute er sich und sie umarmten sich herzlich, aber von Binis Seite aus wie immer distanziert.

„Das ist wunderbar, Papa terrorisiert mich mit Anrufen, ich habe noch nicht mal den Koffer fertig", entgegnete Bini.

„Wundert mich nicht", war Ralfs Antwort und dann war er auch schon in der Küche verschwunden. Vertraut öffnete er den Küchenschrank und entnahm ihm zwei Champagnerflöten. Sie waren schon lange befreundet, auch schon zu Michaels Zeiten. Obwohl sie seit Jahren einen Sicherheitsdienst hatte, der während ihrer Abwesenheiten zweimal pro Woche zur Kontrolle in die Villa kam, hatte Ralf immer einen Schlüssel gehabt und zwischendurch mal nach dem Rechten geschaut, wenn sie weg war. Mit der Alarmanlage war er ebenfalls bestens vertraut. Trotzdem benutzte er den Schlüssel nie, wenn Bini zu Hause war. Dann klingelte er immer artig. Ralf war schon sehr viele Jahre allein und immer eher Binis Freund als Michaels gewesen.

„Was hat Werner denn für Probleme?", erkundigte er sich und zwinkerte ihr freundschaftlich zu. Er mochte Sabines Vater wirklich sehr gern und freute sich, wenn er mal nach Berlin kam, was aber nach seiner Ansicht viel zu selten passierte.

„Er darf an Bord keine Waffen mitnehmen, also er meint natürlich sein Taschenmesser. Dann ist es untersagt, eigenen Alkohol mitzuführen. Da macht er sich um seine Underberg-Fläschchen Gedanken."

Ralf lachte lauthals und sehr männlich melodisch auf. Sabine betrachtete ihn seit Langem einmal wieder bewusst. Er sah gut aus. Er war 1,80 Meter groß, sportlich durchtrainiert, in seine schwarzen Haare mischten sich schon erste graue Strähnen und seine Gesichtszüge waren markant. Eigentlich war er für seine fast 40 Jahre ein echter Hingucker, doch trotzdem war er seit vielen Jahren allein, wenn er seit einiger Zeit auch versuchte, mittels einer Dating-Agentur sein Glück zu finden. Irgendwie klappte es aber aus irgendwelchen Gründen nie. Sein Schicksal hatte Sabine damals tief berührt. Er und seine Frau waren vor fünfzehn Jahren gerade erst in die Nachbarvilla eingezogen, als die Frau plötzlich und sehr unerwartet verstarb. Die Ärzte suchten monatelang nach der Ursache und schließlich diagnostizierten sie einen Gendefekt im Darm, aber so richtig klärte sich die Sache nicht auf. Bini hatte Abende mit ihm verbracht, Trost gespendet und ihn ermuntert, ins Leben zurückzukommen. Heute war er wieder ein fröhlicher Mann, aber eben sehr einsam. Als Ralf sich mit den zwei gefüllten Gläsern umdrehte, schaute sie schnell auf den Küchenboden. Er reichte ihr ein Glas, dann stießen sie an.

„Auf die Kreuzfahrt mit Papa", lachte er und Bini sah ein paar Grübchen um seinen Mund, die sie bisher noch nie bemerkt hatte. Sie lächelte gequält und meinte: „Prost." Manchmal war sie doch noch ein wenig diese wortkarge Norddeutsche geblieben, als die sie einst geboren wurde. Sie schob Ralf ins Wohnzimmer und versprach: „Gib mir 20 Minuten, dann bin ich bei dir, du weißt schon, der Koffer."

Ralf betrat das großzügige Wohnzimmer, warf sich auf die gemütliche rote Ledercouch. Geübt betätigte er die diversen Fernbedienungen und suchte in den verschiedenen Mediatheken nach Berichten über Adria-Kreuzfahrten.

Bini kehrte erst nach 30 Minuten zu ihm zurück.

„Und? Alles im Koffer?", fragte er mit liebevoller Stimme und richtete sich auf dem Sofa auf. Bini nickte. Er schenkte Champagner nach und sah ihr direkt in die Augen. *Seine Augen sind so blau wie das Meer*, dachte Sabine. Seine intensive Augenfarbe war ihr noch nie so bewusst geworden wie heute. *Ich bin vollständig überarbeitet,* dachte sie weiter, *vor dir sitzt dein Kumpel Ralf und du hast einen Kreuzfahrtkoller!* Sie schob die Gedanken an seine Augen zur Seite.

„Was ist eigentlich dein Problem?", erkundigte sich Ralf ganz sachlich. „Werner wird 80, ihr reist gemeinsam auf einem Luxus-Kreuzfahrtschiff durch die Adria und verbringt bestimmt einen wunderschönen Tag in Dubrovnik. Dazu noch in einer Suite mit zwei Schlafzimmern. Die Wetterprognosen sind fantastisch, ich habe das nachgesehen, was soll passieren?"

„Die Vergangenheit wird uns einholen", brachte Bini es auf den Punkt.

Wieder suchte Ralf ihren direkten Blickkontakt. Sabine stand auf und begann im Wohnzimmer auf und ab zu tigern. Ihr Besuch schwieg und sah sie weiter an.

„Es wird alles auf den Tisch kommen, Michael, Lauras Baby, die Scheidung und Mamas plötzlicher Tod. Und das sieben Tage lang und 24 Stunden. Ich weiß nicht, ob ich das aushalte", gab sie zu und sprach mit gebrochener Stimme. „Dazu noch ewig diese Fischergeschichten. Die hängen mir zum Hals raus. Papa überlegt schon, ob er dem Kapitän beim Navigieren behilflich sein kann."

Ralf stand auf und ging zu dem Barschrank. „In der Ramazotti-Flasche von neulich ist noch was drin", freute er sich. Er wechselte in die Küche und fand im Eisschrank noch gefrorene Würfel. Im Obstkorb fand er eine einsame Zitrone und schnitt sie in Viertel. Sehr zufrieden mit seinem Werk, kehrte er ins Wohnzimmer zurück. Sabines Champagnerglas war leer. Er reichte ihr das neue Glas und sie stießen an. Dann räusperte er sich leicht: „Vielleicht ist es ja gut und an der Zeit, diese Dinge jetzt mal zwischen euch aufzuarbeiten. Ihr könnt das nicht ewig totschweigen", finde ich.

„J-a-h-a", bekam er als Antwort zurück und sehr gedehnt.

„Ist Lauras und Michaels Baby eigentlich schon da?"

Am liebsten hätte Sabine ihn für diese Frage geohrfeigt und aus der Villa geworfen, doch sie beherrschte sich. Ralf war schließlich ihr platonischer Freund und er hatte es in der Vergangenheit immer gut mit ihr gemeint und sie mit ihm. „Weiß ich nicht, interessiert mich auch nicht", gab sie schnell zur Antwort. Allein wie er das sagte, Lauras und Michaels Baby. Trotz der Scheidung klang das irgendwie immer noch nicht real für sie. Doch es war so. Bini überlegte, wie sie am besten das Thema wechseln konnte. Sie hatte sich auf einen letzten unbeschwerten Abend zu Hause gefreut und nun nahmen die Gespräche einen Verlauf, mit dem sie sich mehr als unwohl fühlte. „Machst du uns noch einen Ramazotti und dann werfe ich dich raus und mich ins Bett?", fragte sie Ralf und versuchte zu lächeln.

„Na, klar", meinte er und verschwand erneut in Richtung Küche.

Bini kramte ihr Smartphone heraus. Keinen neuen Nachrichten, auch nicht aus dem Job, also nichts, was sie vortäuschen könnte. Auch das Telefon war still, vermutlich hatte sich Papa nun in sein Schicksal ergeben und lag längst im Bett in seinem Häuschen in Husum. Sie sah ihn förmlich vor sich, wie er in der rechten Hälfte des Doppelbettes eingekuschelt in seiner Bettdecke lag. Auch nach zehn Jahren schlug er allabendlich die linke Seite des Bettes in Form der Bettdecke mit auf, damit Mama später nachkommen könnte. Sie hatte das Weihnachten bemerkt und war sehr gerührt gewesen.

Wie es sich wohl anfühlt, fast sein ganzes Leben mit der großen Liebe gemeinsam verbringen zu dürfen? Und wie einsam Papa wohl doch seit Mamas Tod sein musste, dachte Bini und ihre Augen füllten sich mit Tränen.

Ralf kam zurück ins Wohnzimmer und setzte sich dicht neben sie. Er spürte einfach immer ihre Stimmung. Er nahm sie in den Arm und gab ihr einen Kuss auf die Stirn. Eine Weile saßen sie so da. Dann rappelte Bini sich auf und rückte ein Stück von ihm ab.

„Wie war eigentlich dein Date gestern?", fragte sie und prostete ihm zu.

Er lachte. „Ach, weißt du, irgendwie nicht so toll. Sie war nett, ja, aber dermaßen in den Schminkkasten gefallen. Zudem war sie völlig overdressed für den kleinen Italiener um die Ecke. Ich habe mich nach dem Essen ziemlich schnell verabschiedet. Irgendwie sind diese Online-Dates nichts für mich. Vermutlich wird mich die Chefin der Agentur bald als hoffnungslosen Fall aufgeben."

„Das tut mir leid", sagte Sabine und meinte es ehrlich.

Ralf hatte zuvor drei Wochen lang mit der Frau gechattet, doch das war natürlich kein Vergleich mit einem realen Treffen. „Sie hat mir seitdem drei Sprachnachrichten gesendet, doch ich mag einfach nicht antworten", gab er zu.

„Hm", machte Bini.

„Weißt du, ich lasse jetzt einfach mal die Zukunft auf mich zukommen und wer weiß, was dann passiert."

„Auch eine Option", meinte Bini.

Er gab ihr ein sanftes Küsschen auf die Nase und sagte: „Und genauso machst du das jetzt auch. Genieße deine Kreuzfahrt mit Werner! Stellt euch der Vergangenheit und vielleicht kommst du ja mit Zukunftsplänen wieder, die du dir jetzt noch gar nicht ausmalen kannst."

Davon war Sabine zwar überhaupt nicht überzeugt, aber sie nickte artig und versprach es. Kurze Zeit später verließ Ralf die Villa. Sie selbst zog ihre Klamotten aus und ein altes Mickymaus T-Shirt an, das sie sehr liebte. Nach dem Gang durch das Bad kuschelte sie sich in ihr neues, stylisches Wasserbett und stellte den Wecker auf 4 Uhr morgens. Es würde ein früher Tagesbeginn werden, denn ihr Flieger würde bereits um 8 Uhr in Richtung Venedig abheben.

Kapitel 1
Venedig bringt einen neuen Michael!

Die Durchsage, dass der Flieger sich in wenigen Minuten in den Sinkflug begeben würde, schreckte Sabine auf. Sie schaute auf die Uhr, 09 Uhr 45. Einer pünktlichen Ankunft in Venedig schien nichts mehr im Wege zu stehen. Sie hatte während des Fluges nicht aus dem Fenster geschaut, da sie gearbeitet hatte. Gleich nach der Urlaubswoche standen wichtige Events in ihrer Agentur an und da sie auf dem Kreuzfahrtschiff sicher ein schlechtes Netz haben würde, hatte sie noch einige Instruktionen für ihre Assistentin vorbereitet, die sie direkt nach der Landung senden wollte. Annika war zwar ganz fähig, aber Sabine behielt immer gern über alles die Kontrolle. So hatte Bini hoch über den Wolken eine fantastische Aussicht auf die Alpen von oben verpasst, deren Gipfel trotz Juni teilweise noch schneebedeckt waren. Sie reiste in der Business-Class und dort war es heute Morgen erfreulich ruhig gewesen.

Vielleicht die Ruhe vor dem Sturm, dachte sie.

Artig klappte sie ihren Laptop zu, da der nette Kabinensteward sie schon mahnend ansah. Schließlich sah sie doch aus dem Fenster und erblickte von oben die Lagunenstadt. Klar erkannte sie den berühmten Campanile und bemerkte, dass im Hafen gleich mehrere Kreuzfahrtschiffe lagen. Das gefiel ihr persönlich überhaupt nicht, denn obwohl sie selbst auch Großevents organisierte, waren ihr Massen im Grunde immer ein Gräuel. Sie dachte zurück und überlegte, wann sie das letzte Mal in Venedig gewesen war. Dann wusste sie es wieder. Es war anlässlich eines Ärztekongresses mit Michael gewesen, im ersten oder zweiten Ehejahr. Damals hatte sie ihn immer begleitet und sich über das tolle Rahmenprogramm in den Städten für die Begleiter gefreut. Wie oft hatte sie dabei tolle Eventlocations entdeckt, die sie später für ihre Arbeit genutzt hatte. Sie fragte sich selbst, warum sie irgendwann aufgehört hatte, mit ihm zu den Kongressen zu fahren. Doch im Grunde wusste sie es genau. Ihre eigene Auftragslage ließ es nicht zu und sie musste Prioritäten setzen. Da hatte sie sich für ihr eigenes Business entschieden. Michael hatte irgendwann aufgehört, sie zu fragen, ob sie mitkäme, denn viel zu oft war ihre Antwort gewesen: „Du, an dem Wochenende bin ich zu."

Vielleicht wäre alles anders gekommen, wenn sie sich anders verhalten hätte, grübelte sie und diese Erkenntnis traf sie wie ein Schlag. Genau in diesem Moment trat ihr jemand von hinten in die Hacken ihrer türkisfarbenen Pumps. „Aua", schrie sie, vielleicht ein wenig zu wehleidig, und blickte sich sichtlich genervt um. Die Holzklasse hatte zu ihr aufgeschlossen und drängelte, wie immer. Das konnte sie überhaupt nicht leiden. Sie sah in zwei Männeraugen, die bernsteinfarben funkelten. Schnell taxierte sie den Drängler. Er schien in ihrem Alter zu sein. War sportlich durchtrainiert, etwas größer als sie und sein blondes, kurz geschnittenes Haar zierten erste graue Strähnen.

„Entschuldigen Sie bitte, ich bin irgendwie auch geschubst worden", meinte er und als er lächelte, fand sie ihn attraktiv, sogar sehr attraktiv.

Schmerzhaft rieb sie sich den Fuß und zog ihren Schuh wieder korrekt an. „Warum können die Leute in Flugzeugen beim Aussteigen keinen Abstand halten?", fauchte sie ihn an und drehte sich wieder um.

Sein hilfloses Schulterzucken sah sie nicht, hörte aber sehr dicht seine Stimme am Ohr: „Da gebe ich Ihnen recht."

Sie gab keine Antwort, sondern verließ das Flugzeug mit zügigen, raschen Schritten. Über den sogenannten Finger erreichte sie die Halle und folgte den Wegweisern in Richtung Kofferband. Auf dem Weg kramte sie ihr Smartphone aus der Tasche und schaltete den Flugzeugmodus aus. Sofort erhielt sie eine SMS von ihrem Vater:

Bin schon da! Warte in der Halle.
Muss Dir was erzählen!

Papas Flieger war offensichtlich auch pünktlich gewesen, seine Landezeit mit dem Flieger aus Hamburg war um 9 Uhr 15 geplant gewesen. Was hatte er nur jetzt schon wieder Dringendes? Sabine seufzte und ihr wurde einmal mehr bewusst, dass es eine sehr anstrengende Woche werden würde. Als sie am Kofferband ankam, setzte dieses sich gerade in Bewegung. Da Sabine in der Business Class natürlich Priority Luggage Status hatte, rechnete sie nicht mit einer langen Wartezeit. Die ersten Koffer kamen, sie checkte schnell noch mal ihre Mails. Annika hatte fünf Stück in der letzten Stunde gesendet, doch das musste erst mal warten. Sie nahm sich vor, ihre Assistentin aus dem Taxi zum Hafen in Ruhe anzurufen. Da sah sie auch schon ihren Koffer und als er kurz vor ihr war und sie schon danach angelte, wurde sie leicht zur Seite geschoben. Sie roch ein Aftershave, das sie als angenehm empfand und bemerkte schließlich den Blonden aus dem Flugzeug, der ihren schweren Koffer vom Band hob, als sei es eine Feder.

„Hey, das ist mein Koffer", rief sie aus.

„Das dachte ich mir, ich wollte nur behilflich sein, weil ich Sie doch vorhin verletzt habe."

„So schlimm war das ja nun auch nicht", gab Bini zu.

„Ich dachte es mir schon", sagte er und zwinkerte ihr zu. Dann fiel sein Blick auf ihren silbernen Koffer und als er den dunkelblauen Anhänger sah, rief er: „Ach, Sie reisen auch mit der Sea Princess in dieser Woche! Ich auch! Das ist aber ein netter Zufall."

„Ach ja", war Sabines nicht gerade sehr einfallsreiche Antwort und im Grunde war sie auch nicht begeistert, noch bevor sie das Schiff betrat, auf einen Mitreisenden zu treffen, der offensichtlich Kontakt suchte.

„Ein Woche Adria, das wird so klasse", freute sich der Mann, „die Wettervorhersage ist fantastisch, immer um die 25 Grad."

Dass Männer immer vorab den Wetterbericht checken müssen, dachte Sabine. „Ist ja auch Juni."

„Im Juni kann es aber auch in der Adria mal regnen", entgegnete er. „Vielleicht treffen wir uns mal an Deck?"

Genau darauf hatte sie gewartet und genau das mochte sie nicht. „Ich reise nicht allein", war daher ihre Antwort.

„Ich auch nicht", ignorierte er einfach ihre recht deutliche Abfuhr, „ich begleite eigentlich nur jemanden, der nicht schon wieder allein fahren mag. Ich mache eine Kreuzfahrt mit Mama."

Da reichte es Sabine endgültig. Sie ergriff ihren Koffer und führte ihn auf seinen vier Rollen durch die drängelnden Menschenmassen am Kofferband.

„Bis nachher", hörte sie ihn noch rufen und fragte sich, ob sie nicht absolut eindeutige *Lass-mich-in-Ruhe-Signale* ausgesendet hatte. Anscheinend nicht. Das fehlte ihr gerade noch, ein Typ, der eine Kreuzfahrt mit Mama machte!

Kaum hatte sie den Sicherheitsbereich verlassen, sah sie auch schon ihren Vater, der auf sie zustürmte. Mit seinen nun bald 80 Jahren sah er erstaunlich jung aus, stellte Sabine wieder einmal fest. Er trug eine helle, feine Hose und dazu ein blaues Hemd. Obligatorisch, wie immer, hatte er seine geliebte schwarze Lederweste an, die aber schon ein wenig in die Jahre gekommen war. Ein Blick auf seine Schuhe ließ sie staunen, es waren rote Turnschuhe, die hatte sie noch nie an ihm gesehen. Er kam vor ihr zum Stehen und anstatt sie liebevoll in die Arme zu schließen, fuchtelte er wie wild mit einer italienischen Tageszeitung vor ihr herum.

„Die Kreuzfahrt fällt aus, die lassen uns nicht an Bord, vielleicht bewerfen sie uns sogar mit faulen Eiern."

„Hallo Papa", sagte Sabine und gab ihm liebevoll einen Kuss auf die rechte Wange.

Da besann er sich und drückte sie innig. Sabine machte sich Sorgen, ob sie jetzt gleich auf dem Rücken auf ihrer weißen Bluse die Druckerschwärze der Zeitung hätte.

„Gut siehst du aus", meinte Sabine und wand sich aus seinen Armen.

„Ja, ja, du, ob die Reise ausfällt? In der Zeitung steht, dass ganz Venedig die Kreuzfahrer hasst und heute Abend soll es eine große Demonstration am Markusplatz geben. Da fahren wir doch vorbei. Ob die uns mit Tomaten bewerfen?"

Sabine warf einen Blick auf die Schlagzeile der Tageszeitung *Fuori le navi da crociera mostro da Venezia* stand dort geschrieben.

„Das heißt „Raus mit den Monsterkreuzfahrtschiffen aus Venedig", erklärte Papa, als er Sabines fragenden Blick sah.

„Seit wann kannst du Italienisch, Papa?"

„Nun, ich nicht, aber da war eine nette Deutsche mit mir im Laden. Reizende Person wirklich, sie saß auch in meinem Flieger, die hat mir das erzählt. Sie geht auch auf Kreuzfahrt heute und …"

Weiter kam Werner nicht, denn Sabine nahm entschlossen ihren Rollkoffer in die rechte Hand, hakte mit dem linken Arm ihren Vater unter und schob ihn in Richtung Ausgang. „Unser Schiff ist ja klein, die meinen sicher diese Megaliner. Wir fahren jetzt zum Hafen."

Ihr Vater war so verdutzt, dass er ihr zunächst folgte. Sabine sah die Ausschilderung zu den Taxis und folgte zielstrebig den Hinweisen. Plötzlich blieb er stehen. „Die Busse fahren aber von da hinten, ich habe mich schon erkundigt."

Nun blieb auch Sabine stehen. „Papa, ich fahre doch nicht mit dem B-u-s", lehnte sie ab. „Wir nehmen uns ein Taxi und sind dann gleich da."

„Ihr jungen Leute immer! Das viele Geld könnte man sparen", jammerte Werner.

„Könnte man, machen wir aber nicht", war Binis klare Antwort.

Ihr Vater nickte. Er kannte seine Tochter lange genug, um zu wissen, wann es aussichtslos war, sie umzustimmen. Vor dem Flughafen standen unendlich viele Taxis und Sabine hatte recht, die Fahrt zum Hafen dauerte nicht mal fünfzehn Minuten. Im Hafenbecken lagen neben der Sea Princess noch drei weitere, sehr viel größere Kreuzfahrtschiffe.

„Da sind sie, die Monster", stammelte Papa nervös.

„Und schau, das ist die kleine Sea Princess, uns ist bestimmt niemand böse", versuchte Sabine ihn abzulenken. Das Taxi stoppte, der Fahrer sprang heraus und lud sogar die Koffer aus. Von Unfreundlichkeit gegenüber Kreuzfahrern keine Spur. Sabine wühlte in ihrer Handtasche, doch Papa kam ihr zuvor und zahlte.

„Du bist eingeladen, Kind, vergiss das nicht."

Bini sah sich um und hoffte, dass niemand seine Worte gehört hatte. Es war ihr peinlich. Dann standen sie da und sahen sich ihr Kreuzfahrtschiff erstmals bewusst an. Sein Rumpf war in blau, die Aufbauten weiß. Sie sahen viele verglaste Elemente an Deck und auch die zahlreichen Balkone. Werner kamen die Tränen und er suchte Sabines Nähe, indem er sich bei ihr unterhakte. „Wenn Mama uns sehen könnte. Sie wäre so stolz."

Sabine drückte ihren Vater nun doch sehr innig und meinte: „Sie sieht es bestimmt", und zeigte zum Himmel. Wenn es um ihre Mutter ging, wurde sie noch immer sehr schnell sehr emotional.

„Sicher", war seine Antwort. Er beförderte umständlich ein Taschentuch aus seiner Hosentasche und schnäuzte hinein.

Hinter ihnen hielt mit quietschenden Reifen ein weiteres Taxi. Heraus sprang eine Frau mit weißen Haaren, einer sehr drahtigen Figur, die zudem elegant gekleidet war.

„Da ist sie, da ist sie", rief sie aufgeregt und winkte zu den Decks der Schiffe hinauf. Dazu hüpfte sie auf und ab wie ein junges Mädchen. Aus dem Taxi stieg der Mann, dessen Bekanntschaft Sabine schon im Flughafen unfreiwillig machen durfte. Sie verzog das Gesicht und dachte: *Der schon wieder.*

„Mama, ich muss doch erst noch das Taxi zahlen und die Koffer ausladen, nun warte doch bitte mal."

„Dass man sich so schnell wiedersieht", sagte nun ausgerechnet Werner und Sabine sah ihren Vater verständnislos an. Die Frau drehte sich um.

„Ach, der nette Gentleman vom Flughafen", strahlte sie Sabines Vater an. „Dann fahren wir wohl zusammen, das ist ja toll!"

„Die Dame, die ich im Zeitschriftenladen traf", erklärte Papa Sabine eilig und stellte sie als seine Tochter vor.

„Ich bin Hilde, auf Kreuzfahrt ist man nämlich per Du und das ist mein Sohn Michael", freute sich die Frau sichtlich über die neue Bekanntschaft.

Sabine stöhnte innerlich auf, jetzt hieß der auch noch M-i-c-h-a-e-l!

Michael schleppte zwei schwere Koffer und sein noch jungenhaftes Lachen drang trotz allem Widerwillen unglaublich sexy an Sabines Ohr. „Das ist ja lustig, wir kennen uns nämlich auch schon, aus dem Flugzeug."

„Das hast du mir gar nicht erzählt", beschwerte sich Werner bei Sabine.

„Ich bin Ihrer Tochter auf den Fuß getreten", gab Michael achselzuckend zu und er sah nicht so aus, als ob es ihm leidtäte.

„D-a-s kann schnell mal passieren", grinste Werner.

„Sie sind mir in die Hacken getreten", ergänzte Sabine.

„Du", schrie Hilde, „wir sind doch hier alle per Du in unserem Zuhause!"

„Meine Mutter hat schon eine Weltreise mit diesem Schiff gemacht", versuchte Michael die Überschwänglichkeit seiner Mutter zu erklären.

„Das ist ja toll, darüber möchte ich aber alles erfahren in dieser Woche", begeisterte sich Papa, ich heiße übrigens Werner und meine Tochter Sabine!"

„Das wirst du", freute sich Hilde.

„Bini reicht. Können wir jetzt mal an Bord gehen?", nörgelte Sabine, die nur den Wunsch hatte, aus Michaels Nähe zu kommen, der sie, wie auch schon am Kofferband, anstrahlte.

„Richtig", bestätigte Papa, „wir müssen unsere Zimmer beziehen und dann will ich ja noch mal vor dem Ablegen mit dir nach Venedig rein. Wir fahren Gondel."

Jetzt explodierte Sabine. Sie stapfte mit dem Fuß auf wie ein trotziges kleines Kind und brüllte: „Es sind Kabinen, Papa, und ich fahre heute überhaupt nicht mehr irgendwohin. Ich habe zu arbeiten, meine Assistentin wartet seit Stunden auf meinen Rückruf und G-o-n-d-e-l bin ich einmal in meinem Leben gefahren und bestimmt nie wieder."

Sie nahm ihren Koffer und stapfte in Richtung Cruise Terminal.

„Nun weiß ich, wie du das meinst, mit ‚das geht schnell, dass man Sabine mal auf den Fuß tritt'", meinte Michael und boxte Werner freundschaftlich in die Seite. Die beiden verstanden sich bereits prächtig.

Werner winkte ab. „Ich verfüge im Umgang mit ihr über fast 50 Jahre Erfahrung. Sabine regt sich schnell auf, aber genauso schnell auch wieder ab. Meistens übrigens unnötig!" Dabei war in der Betonung seiner Worte so viel Liebe zu hören. Er wollte seiner Tochter gerade folgen, als plötzlich ein Bus neben ihm zum Halten kam. Drei schnatternde Frauen Mitte 60 stiegen aus. Der Busfahrer schloss die Tür und fuhr davon.

„Wo ist denn jetzt die Adia?", wunderte sich eine.

„Ich sehe hier nur die Sea Princess, ob wir hier falsch sind?", dachte die Zweite laut.

„Blödsinn", grölte die Dritte im Bunde, „ich habe den Fahrer doch gefragt, ob er zum Puerto fährt."

„Junge Damen, hier liegen heute vier Schiffe im Hafenbecken. Ihre Adia liegt auf der anderen Seite des Kais. Sie sind leider zu früh ausgestiegen", erklärte Werner, „der Bus fährt einmal im Kreis um den Hafen."

Die Frauen kicherten albern über die Ansprache als junge Damen und auch, weil sie schon den einen oder anderen Piccolo Sekt im Flugzeug genossen hatten. „Ich rauche jetzt erst mal eine und dann gehen wir zu Fuß", verkündete die Hagerste von ihnen.

„Das ist viel zu weit, nehmen Sie sich doch ein Taxi", schlug Michael vor.

„Ja, genau. Sie brauchen ein Taxi, komm Michael, wir helfen den Ladys und gehen eins suchen. Ich sehe hier nämlich gerade keine."

„Sie sind aber eine nette Familie", fand nun die kleinste der Frauen und strahlte.

Daran arbeiten wir noch, dachte Papa und zog Michael mit sich fort.

„Ich gehe schon mal zum Check-in, Sabine wird sicher warten", mischte sich Hilde ein.

„Kein Problem", versicherte die Raucherin, „wir passen auf das Gepäck auf."

Hilde winkte zum Abschied und wünschte den Frauen noch eine schöne Kreuzfahrt. Dann war ihr Blick wieder auf ihr schwimmendes Zuhause gerichtet. Sie freute sich unendlich auf diese Woche, auch wenn gerade alles ein wenig anders begann als geplant. Sie war sehr gespannt, ob ihre lieben Kellner und Stewards auch wieder alle an Bord waren. Diese waren während der Weltreise wie eine Familie gewesen und zu einigen hatte sie sogar auf Facebook Kontakt. Am schönsten jedoch fand sie, dass sie nicht mehr allein auf Kreuzfahrt gehen musste. Als sie das Terminal betrat, sah sie Sabine in einer Ecke stehen, ihr Smartphone am Ohr.

„Dann ruf im Hotel an und bestell noch drei zusätzliche Konferenzräume. Das kann doch nicht so schwer sein", hörte Hilde Sabine gerade sagen.

Hilde machte ihr ein Zeichen, dass sie sich ruhig Zeit lassen kann mit dem Telefonat und entfernte sich rücksichtsvoll ein paar Meter. Am Check-in war wie immer keine große Schlange, alles ging bei dieser kleinen Reederei eben entspannter zu als bei den großen Schiffen. Zu ihrer Freude entdeckte Hilde Arsenio, den Gästebetreuer, der aus Costa Rica stammte, aber hervorragend Deutsch sprach. Die Zwei fielen sich um den Hals wie alte Freunde.

„Hilde, da bist du ja wieder", freute er sich, „und hübscher denn je."

Hilde lachte laut auf und gab ihm einen Klaps auf den Po. „Du alter Charmeur", sagte sie zu ihm.

„Wie lange bleibst du?"

„Leider nur diese eine Reise", bedauerte sie.

Zu den Zweien trat nun Sabine und sagte: „Hallo!"

„Oh, deine Tochter? Nein, hattest du nicht einen Sohn?", meinte Arsenio und musterte den Neuzugang wohlwollend von oben bis unten und mit deutlich männlichem Interesse.

„Nein, das ist die Tochter von Werner, meinem äh, meiner Reisebekanntschaft vom Flughafen."

Arsenio nickte. Hilde lernte immer schnell neue Leute kennen. Das wusste er. „Herzlich willkommen an Bord", grüßte der Gästebetreuer charmant.

„Ja, da würde ich ja auch gern langsam mal hin", war Sabine Antwort und an Hilde gewandt fragte sie: „Wo ist denn Papa jetzt?"

„Der verhilft gerade mit Michael drei alten Damen zu einem Taxi im Hafen. Sie wollen auf die Adia und sind falsch aus dem Bus ausgestiegen!"

„Typisch Papa, und ich kann hier warten", motzte Sabine.

„Michael, ja dein Sohn Michael, der fährt auch mit?", freute sich Arsenio. „Dann lerne ich ihn endlich auch persönlich kennen."

„Ja, wundervoll, oder?", strahlte Hilde und sah unendlich glücklich aus.

„Da macht ihr Vier quasi eine Kreuzfahrt mit Mama und Papa, das ist echt süß", freute sich der Arsenio.

„Genau das wird nicht passieren", sagte Sabine, wandte sich ab und kramte wieder ihr Smartphone hervor. Sie öffnete ihren E-Mail-Eingang und fluchte laut: „Jetzt haben die da nur noch zwei Konferenzräume frei, wieso klappt immer alles nicht, wenn ich es nicht persönlich in der

Hand habe?" Sie begann, wild zu tippen und erwartete von Hilde und Arsenio nicht wirklich eine Antwort auf ihre rhetorische Frage.

Zwanzig Minuten später betrat Sabine mit ihrem Vater die Suite. Hilde und Michael hatten sie in der Eingangshalle an der Rezeption zurückgelassen, da Hilde erst mal ausgiebig alle anwesenden Stewards begrüßen musste, die sie natürlich kannte. Die Suite 706 hatte einen geräumigen Wohnraum mit einer gemütlichen Sitzecke und einem großen Balkon. Die zwei großen, angrenzenden Schlafzimmer wurden durch ein gemeinsames Bad verbunden, das sogar mit einem Whirlpool und einer Dusche ausgestattet war. Die Suite war in Blautönen und gediegenem dunklen Holz eingerichtet. Sabine war das erste Mal an diesem Tag begeistert und drückte Werner innig.

„Nun freust du dich endlich mal", meinte er.

„Ja, der Balkon ist ja super, wir haben sogar eine Hängematte, da kann ich super arbeiten und auf das Meer schauen. Und bei Regen eben hier am Esstisch."

Ihr Vater schüttelte mit dem Kopf, aber er grinste dabei in sich hinein. Zum Arbeiten würde sie alsbald nicht mehr viel Gelegenheit haben, da war er sich sicher. Plötzlich klopfte es an der Tür. Vorsichtig trat ein junger Mann ein, der sich mit freundlichen Worten als Butler Harry vorstellte. Er trug sogar weiße Handschuhe. Sabine schätzte ihn auf Mitte zwanzig, er war groß gewachsen und hatte rötliche Haare. Sein Deutsch war ein wenig gebrochen.

„Ich bin Werner und das ist meine Tochter Sabine", stellte Werner sich vor. „Aus welchem Land kommen Sie denn?"

„Oh, sehr erfreut, ich dachte, es sei ihre Gattin. Wie kommen Sie nur zu einer so großen Tochter? Ich komme aus der Nähe von London, also aus Großbritannien", antwortete der Butler und machte eine leichte Verbeugung.

„Mein Vater wird in einigen Tagen 80 Jahre alt, was glauben Sie denn, wie alt ich bin?", fauchte Sabine unvermittelt los.

Der junge Mann zuckte zusammen. „Entschuldigung, ich habe ihren Vater höchstens auf 60 Jahre geschätzt und manchmal haben unsere Gäste sehr junge Frauen."

Das reichte Sabine, sie wählte das rechte Schlafzimmer und verkündete: „Ich packe jetzt aus. Das ist mein Zimmer!"

„Es heißt Kabine, Sabine", krähte Werner ihr fröhlich hinterher.

Immerhin war ihr Vater noch lernfähig, fand Sabine. Bevor sie die Tür schloss, hörte sie Harry noch sagen: „Lieber Werner, ich erkläre Ihnen jetzt Ihre Suite und alle Funktionalitäten, ja? Dann serviere ich den Begrüßungschampagner."

Werner klatschte in die Hände und rief: „Ein guter Plan, Harry, ich werde dich jetzt Prinz Harry nennen, das passt irgendwie so gut!"

Sabine stöhnte genervt auf. Das war wieder typisch ihr Vater. Andauernd benannte er irgendwelche Leute nach berühmten Persönlichkeiten um. Ihren Mathelehrer im Abi-Jahrgang hatte er damals immer Thomas Gottschalk genannt, nur weil er auch so eine blonde Löwenmähne hatte. Die Krönung war, dass er ihn dann beim Abschlussball auch noch mit Herr Gottschalk angesprochen hatte. Sabine war vor Scham fast im Erdboden versunken. Sie freute sich dann aber wieder, als sie sah, dass ihr Koffer bereits auf dem Bett lag. Ordentlich war er dort auf einer dicken blauen Unterlage drapiert worden. Sie öffnete den Kleiderschrank und sah einen weißen, flauschigen Bademantel. Sie entschied sich um. Sie würde jetzt erst mal unter die

Dusche gehen und sich dann auf den Balkon setzen, um nochmals Annika wegen der Konferenzräume anzurufen. Das Auspacken konnte auch bis später warten. Ach ja und ein Schluck des angekündigten Champagners konnte auch nicht schaden. Routiniert schlug sie aber zunächst das Bordprogramm auf, um nachzusehen, wann die Seenotrettungsübung geplant war. Es war jetzt 13 Uhr. Das Auslaufen war für 17 Uhr vorgesehen und die Übung um 16 Uhr. Entspannt schleuderte sie ihre türkisfarbenen Pumps wenig damenhaft einmal quer durch die Kabine.
Frisch geduscht und noch mit nassen Haaren trat sie eine Weile später im Bademantel auf den Balkon. Wie praktisch, sie hatte, ohne es zu wissen, das Schlafzimmer gewählt, das den direkten Zugang zum Balkon hatte. Von Papa war nichts zu sehen, aber sie sah einen Kübel, der mit Eis gefüllt war und aus dem die versprochene Flasche Champagner herauslugte. Daneben standen zwei Gläser und ein kleiner Obstkorb. Sie öffnete geübt die Flasche und befüllte beide Gläser. „Papa" rief sie in die Suite hinein, „komm heraus, wir wollen anstoßen."

Eilig und strahlend kam Werner aus dem anderen Schlafzimmer gelaufen. Er trug noch die gleichen Sachen, vermutlich hatte er zunächst den Koffer ausgepackt. Sie stießen an.

„Auf eine wunderschöne Kreuzfahrt, Liebes, ich freue mich so, dass du mitgekommen bist", sagte ihr Vater mit glänzenden Augen, „das war ja schon eine kleine Überrumplung."

Nun kam das schlechte Gewissen bei ihr hoch. Wem hatte sie nicht alles wegen dieser Reise die Ohren vollgejammert in den letzten Wochen. Dabei konnte sie doch froh sein, dass sie ihren Vater noch hatte und dieser wirklich rüstig für sein hohes Alter war. „Ich habe dich lieb, Papa", war ihre Antwort. Das hatte sie ihm zum letzten

Mal bei der Beerdigung ihrer Mutter gesagt. Er sah sie an. „Ich gehe dann auch mal rasch durchs Bad und dann erkunden wir den Dampfer, ja?"

Sabine lachte, nur ihr Vater konnte dieses Luxusschiff als Dampfer bezeichnen. Sie ging zurück und schenkte sich noch ein Glas Champagner ein. Dann machte sie es sich in der Hängematte gemütlich. Sie blickte über das Hafenbecken zu den anderen drei Schiffen hinüber. Diese waren mindestens dreimal so groß wie ihr Schiff. Sie seufzte, war sehr zufrieden in diesem Moment und schloss die Augen. Plötzlich hörte sie Geräusche. Auf dem Nachbarbalkon, der aber mit einer gläsernen Trennwand abgeteilt war, wurden Möbel gerückt. Dann drangen Stimmen an ihr Ohr: „Harry, es ist wie immer alles wundervoll hergerichtet, ich danke dir." Das durfte nicht wahr sein! Deutlich hatte Sabine die Stimme von Hilde erkannt. Dann hörte sie das fröhliche und sehr melodische Lachen von Michael. Das Schiff hatte genug Kabinen, wieso mussten die Zwei ausgerechnet nebenan wohnen? Schnell stand sie aus der Hängematte auf. Sie wollte unbedingt vermeiden, dass Michael sie im Bademantel und noch dazu mit nassen Haaren sah.

Der erste Entdeckungsrundgang mit Papa über das Schiff verlief für Sabine entspannend. Überall an Deck fanden sie stylische Sitzecken aus Korb mit vielen gemütlichen Kissen vor. Auf den höheren Decks gab es runde Körbe, sogenannte Kuschelkugeln, die bei Fahrtwind bestimmt gegen den Wind schützen würden. Die Sea Princess verfügte insgesamt über vier Restaurants. Das Hauptrestaurant, das Buffetrestaurant, ein gehobenes mit italienischem Schwerpunkt und einen klassischen Grill, der neben einer großen Burgerauswahl am Abend auch leckere Steaks bot. Sabine war zufrieden. Für den ersten Abend reservierten sie für 20

Uhr im Hauptrestaurant einen Zweiertisch, der sich direkt am Fenster befand. So würde ihnen genug Zeit für das Auslaufen aus dem Hafen von Venedig bleiben. Der Dresscode auf dem Kreuzfahrtschiff war generell sportlich-elegant, es würde im Verlauf der Reise nur einen Galaabend geben, an dem formelle Kleidung erwünscht war. Danach inspizierten sie die unteren Decks, wo die typische und unvermeidliche Shopping-Meile angesiedelt war. Die Geschäfte waren aber natürlich noch alle geschlossen, da sie noch im Hafen lagen. Durch die Scheiben hatte Sabine trotzdem in die Läden geblickt und fand die Auswahl in der Boutique und bei dem Bordjuwelier durchaus ansprechend. Auch eine kleine Galerie gab es und Sabine sah zu ihrer Freude, dass sie auch Werke von Udo Lindenberg enthielt. Mit Udo war sie seit ihren Teenagerjahren verbunden, wenn auch nur über die Musik. Irgendwie sang er immer passend zu ihren Lebensjahren sein aktuelles Lied. Als Michael sie verließ, trug er sie musikalisch durch die schweren Zeiten. So hieß auch damals sein aktueller Song. Darüber hinaus liebte sie seine Bilder. Aktuell hatte sie nur zwei Aquarelle, aber seine Bilder hatten inzwischen auch ihren Preis. Auf dem Aushang an der Eingangstür der Galerie sah sie, dass auch Auktionen im Lauf der Woche geplant waren und sie hoffte auf ein drittes Bild und vielleicht einen guten Bordrabatt. Die Besichtigung des Wellness- und Beautybereichs durfte nicht fehlen. Kurzentschlossen buchte Sabine eine Partner-Hot-Stone-Massage für sich und Papa am kommenden Tag. In Opatija, der kroatischen Küstenstadt, war ihre Liegezeit nur bis 13 Uhr geplant, sodass am Nachmittag genug Zeit dafür bleiben würde. Sabine liebte Hot-Stone-Massagen. Papa wehrte sich zwar mit Händen und Füssen an der Wellness-Rezeption, aber als die junge Mitarbeiterin der Reederei sagte: „Ihre Gattin möchte ihnen etwas Gutes tun, nehmen Sie es doch einfach an. Sie werden sich danach fühlen, als seien Sie einem Jungbrunnen entstiegen", stimmte er schließlich doch zu.

Sabine hatte keine Lust mehr zu erklären, dass sie die Tochter war. Vermutlich war das nun ihr Schicksal, sie würde eine Woche lang als junge *Gattin* gelten, denn sie konnte ja schlecht dem ganzen Schiff ständig ihre Verwandtschaftsverhältnisse klarmachen. Vermutlich war dem Personal das auch egal, Hauptsache, der Gast fühlte sich wohl. Enjoy, enjoy, enjoy – das war hier das Motto! Dann enjoyte eben auch sie mal! Bis zur Seenotrettungsübung blieb ihnen noch eine halbe Stunde Zeit und ihr Vater wollte unbedingt ein Bier trinken. Sie entschieden sich für die Pool-Bar. Sabine bestellte für sich allerdings einen Latte Macchiato, denn die zwei Gläser Champagner merkte sie schon. Papa trank gierig einen großen Schluck Bier, was zu seiner Enttäuschung ohne Blume serviert wurde. Sabine erklärte ihm, dass dies der American Style wäre, den er schließlich gebucht hatte. Zusätzlich irritierte ihn, dass hier nicht vom Hahn gezapft wurde, sondern dass das Bier aus einer Dose ausgeschenkt wurde.

„Wenn ich das meinen Fischerjungs in Husum erzähle! 5 Sterne und keine Blume!", echauffierte er sich. Dann wechselte er spontan das Thema. „Wie findest du eigentlich Hilde?"

Sabine sah ihren Vater an. Darüber hatte sie tatsächlich noch gar nicht nachgedacht. Sie hatte sich gedanklich eher mit Michael beschäftigt. „Nett, ja sehr nett. Sie ist ja für ihr Alter noch gut drauf und sie liebt das Reisen. Sie will mir unbedingt ein paar Anekdoten ihrer Weltreise auf diesem Schiff erzählen. Wobei, auf SO einem Schiff kann ich mir auch eine Weltreise vorstellen", meinte Sabine nach einer Weile.

„Du? Eine Weltreise?", Papa lachte laut auf, „das kann ich mir aber gar nicht vorstellen, was macht dann deine Firma ohne dich?"

„Papa, heutzutage kann man von überall arbeiten, denn alles geschieht online. Das wäre gar kein Problem! Außerdem habe ich ja noch Annika. Die hat sich echt gut eingearbeitet." Vergessen war offenbar der Ärger mit dem nicht mehr buchbaren Konferenzraum.

Papa bedeutete dem zurückhaltenden Barkeeper, ein weiteres Bier zu öffnen, offensichtlich hatte er sich mit dem Dosenbier abgefunden. Erneut nahm er einen kräftigen Schluck.

„Na gut, wenn das die Woche gut mit uns klappt, dann können wir ja nächstes Jahr eine Weltreise zusammen machen", schlug Papa vor und zwinkerte ihr zu.

„The world cruise is absolutely great with this beautiful ship", mischte sich der Barkeeper ein. Anscheinend verstand er gut Deutsch, wenn er es auch nicht sprechen konnte.

Sabine streckte Papa die Zunge raus und meinte: „Vielleicht fährst du lieber mit Hilde, sie scheint ja auf dich zu fliegen!"

„Blödsinn, ich …", dann brach er ab.

„Ich weiß, du bist Mama treu bis über den Tod hinaus", schob Sabine schnell hinterher und ergriff seine Hand. „So war das nicht gemeint und so eine Weltreise ist ja auch viel zu teuer für dich."

„Ja, nein, also natürlich ja", stammelte Papa und Sabine hatte das Gefühl, dass etwas nicht stimmte. Ob er krank war? Irgendetwas verheimlichte er ihr, das merkte sie in diesem Moment genau.

„Wie findest du denn Michael?", begann er erneut die Konversation.

„Nett."

„Hast du auch noch andere Adjektive als nett, Sabine, für Menschen, die du kennenlernst?"

„Allein den Namen zu hören macht mich wütend!" Sie orderte bei dem Barkeeper einen Grappa, natürlich den teuersten von der Karte, der im Reisepreis nicht inkludiert war und kippte ihn in einem Zug herunter. Dezent reichte Papa dem Mann seine Bordkarte zur Bezahlung. Sabine wandte sich ihrem Vater wieder zu. „Diesen Monat wird er V-a-t-e-r, weißt du, was das für mich bedeutet?"

Werner war schon klar, dass seine Tochter hier nicht von dem Michael an Bord sprach, sondern von ihrem Ex-Mann. Er nickte und Sabine bat den Kellner, nachzuschenken. Dieses Mal trank sie nur vorsichtig einen Schluck. Papa nahm ihr das Glas weg und trank es ebenfalls auf ex. „Kann ich auch", meinte er.

„Ich bin in ganz Berlin blamiert, glaube mir, ich kann es nur durch gute und harte Arbeit kompensieren und so tun, als ob es mir egal wäre. Sogar seinen blöden Nachnamen musste ich behalten, weil er in meinen Firmennamen integriert ist. Ich könnte mich jedes Mal übergeben, wenn ich mit B-E-R-G unterschreibe. Aber es ist meine eingetragene und bekannte Marke."

Der Name Sabine-Berg-Events hatte sich in den letzten Jahren deutschlandweit durchgesetzt und stand für eine hohe Kreativität und Flexibilität. *Sabine Berg versetzt für sie Berge, wenn es sein muss*, war nur eines ihrer erfolgreichen Wortspiele im Marketingauftritt geworden. Sabine begann zu weinen und warf sich in Werners Arme.

Endlich, dachte er, *lässt sie es raus*.

Er erblickte Hilde, die gerade an den Tresen kommen wollte und machte ihr Zeichen, dass es jetzt gerade absolut nicht passen würde. Hilde verstand und drehte wieder ab. Werner machte sich Sorgen, ob ihre und seine Idee mit dieser Kreuzfahrt wirklich gut gewesen war. Doch allein für diesen Moment, in dem seine Tochter noch vor dem ersten Ablegen endlich Gefühle zeigte, war es die Reise wert gewesen. Das wusste er genau.

Nach Sabines Ausbruch waren sie auf ihre Kabine gegangen, um die Rettungs-westen für die obligatorische Seenotrettungsübung zu holen. Diese wurde für alle Gäste in der Lounge durchgeführt. Sabine war sehr wortkarg und trug eine große, dunkle Sonnenbrille. Der Kapitän hielt die üblichen Ansagen in Englisch und Deutsch von der Brücke, dann zeigten Arsenio und seine Kollegen, wie sie die Westen im Notfall anziehen mussten und gingen auch mit ihnen hinaus zu den Rettungsbooten. Nach nur 20 Minuten war die Übung beendet und Werner blies in die Trillerpfeife und schrie „Ablegen!" Endlich lachte Sabine wieder und machte ihn darauf aufmerksam, dass er sicher nicht der Erste war, der dort hineingeblasen hatte. Doch ihr Vater blieb gelassen. Nachdem sie wieder auf der Kabine waren, ertappte sie ihn jedoch, wie er in seinem Schlafzimmer in einer Tasche kramte und ein Fläschchen Underberg hervorzog. Als er bemerkte, dass Sabine ihn beobachtete, meinte er: „Ich desinfiziere nur, wegen der Pfeife."

„Ja, klar", bekam er zur Antwort, Sabine verkniff sich aber eine Maßregelung. Natürlich hatte er nicht auf seine angebliche Notration Underberg verzichtet. Aber das war nun auch egal.

Das Schiff begann leicht zu vibrieren. „Wollen wir das Ablegen von unserem Balkon aus genießen?", schlug Werner vor.

Über diesen Vorschlag war Sabine begeistert. „In der Flasche Champagner ist auch noch etwas drin", freute sie sich und schenkte beide Gläser voll. Sabine schielte zum Nachbarbalkon, doch da war alles ruhig. Ihr Vater lehnte sich über die Reling und deutete zum Brückendeck: „Schau mal, Hilde und Michael dürfen das Ablegen von der Brücke aus genießen, sie stehen auf der Nok. Das ist ja toll."

In diesem Moment drehte sich Hilde um und Papa winkte und rief aus Leibeskräften: „Huhuhhhhuuu!"

Sie erkannte ihn und winkte mit einem roten Tuch zurück. Sabine betrachtete ihren Vater von der Seite. Er strahlte so glücklich und wirkte überaus zufrieden. Sie schob den Gedanken, dass etwas nicht stimmte, wieder zur Seite.

Ihr Kreuzfahrtschiff war das erste, das an diesem Abend den Hafen von Venedig verließ. Mittels des Bugstrahlruders parkte der Kapitän elegant aus, nahm erst Kurs auf das Ende des Hafenbeckens und drehte dann.

„Der Junge macht das gut", beurteilte Werner, „also Navigieren kann er."

„Es ist sein Beruf, Papa", verfiel Bini wieder in ihre Rolle der maßregelnden Tochter.

Langsam glitt die Sea Princess an ihren großen Kolleginnen vorbei. Sie tutete zum Abschied und die anderen Schiffe taten es ihr gleich. Von den anderen Kreuzfahrtschiffen winkten viele Menschen und Sabine und Werner winkten zurück.

„Ergreifend irgendwie", meinte Werner.

Als das Kreuzfahrtschiff das Hafenbecken verlassen hatte, bog es nach Backbord in das Kanalsystem Venedigs ein. An Land sahen sie eine große Menschentraube, die Transparente hochhielt und laut rief.

„Die Demonstranten", schlussfolgerte Papa, doch er schien vor ihnen keine Angst mehr zu haben.

„Ja, lass sie mal, sie werfen auch gar nicht mit Tomaten oder Eiern", meinte Sabine und setzte sich auf einen der Stühle. Kurz kramte sie in ihrer Tasche nach dem Smartphone, um ein paar Fotos zu machen. Neue Nachrichten hatte sie keine. Annika war vermutlich noch nicht weitergekommen. Auf der Backbordseite kam nun die berühmte Kirche Santa Maria della Salute, der Campanile, der Dogenpalast und schließlich bot sich ihnen der freie Blick auf den Markusplatz. Sabine und ihr Vater machten lustige Selfies und erstaunlicherweise tat Sabine nicht mal der Anblick der vielen kleinen Gondeln weh. Von Deck 7 aus konnten sie in die Stadt wie in eine Miniaturlandschaft blicken. Vater und Tochter waren gleichermaßen fasziniert.

Der restliche, erste Abend verlief sehr ruhig. Nach einem sehr leckeren und mehrgängigen Abendessen zogen sie sich früh auf ihre Kabine zurück. Harry klopfte noch einmal und erkundigte sich, ob sie noch einen Wunsch hätten. Sie verneinen. Sabine zog sich auch gleich in ihr Schlafzimmer zurück, während Papa noch ein wenig durch die unterschiedlichen Programme des Bord-TV zappte. Leider waren alle Kanäle in englischer Sprache und er verstand natürlich kein Wort. Doch bald wurde auch er müde nach dem langen Tag und begab sich in Richtung Bett.

Kapitel 2
„Oh, Papa" in Opatija

Bini wurde am nächsten Morgen von einem Sonnenstrahl geweckt, der durch einen Spalt in den Gardinen ihrer Kabine drang. Sie blickte auf ihr Smartphone und sah, dass es erst 6 Uhr 30 war. Empfang hatte sie noch nicht. Der Anlauf des Hafens von Opatija war für 8 Uhr geplant, es blieb also noch viel Zeit. Doch sie fühlte sich nicht mehr müde, stand auf und zog die Gardinen zurück. Sie erblickte ein herrlich blaues Meer und sah Michael an der Reling stehen. Er trug eine khakifarbene Shorts und ein schwarzes T-Shirt. Seine Haare waren noch ein wenig verstrubbelt und er war unrasiert.

Morgens sieht er auch gut aus, dachte Sabine, begab sich aber erst mal für eine kurze Katzenwäsche ins Bad. Wieder einmal freute sie sich über ihre neue Frisur, den Kurzhaarschnitt. Ein wenig Gel aus der Tube und schon sahen die Haare wieder fetzig aus. Sie entschied sich für einen blauen Jeansrock und ein rosafarbenes Top. Dann trat sie auf den Balkon.

„Guten Morgen", freute sich Michael, „ist das nicht ein fantastischer Tag?"

Neidisch blickte Sabine auf den Becher in seiner Hand, der bestimmt mit Kaffee gefüllt war. Er bemerkte es sofort.

„Habt ihr keine Kaffeepads bei Harry geordert für die Kaffeemaschine?"

Sabine verneinte.

„Warte, ich mache dir einen. Milch und Zucker?", wollte er wissen.

„Schwarz wie meine Seele", war ihre Antwort.

„Passt", fand er.

Sie schüttelte mit dem Kopf und fand ihn genauso unmöglich wie gestern.

Er verschwand im Inneren der Kabine und Sabine hörte die Kaffeemaschine arbeiten. Sie blickte auf das Meer. Die Sea Princess fuhr sehr nah an der Küste entlang und sie konnte Gebirgsmassive erkennen. Die Berge waren nur wenig mit Grün bewachsen. In der Ferne sah sie eine Stadt, deren weiße Häuser in der Morgensonne glitzerten. Michael kam zurück auf den Balkon und reichte ihr einen Becher über die Reling. Sabine sog das Kaffeearoma förmlich ein. Es duftete so wunderbar.

„Danke", lächelte sie.

„Gern, schau mal, da hinten ist schon Opatija."

„Hm", machte Sabine.

„Ihr wart gestern Abend aber früh im Bett."

„Ja, müde", war ihre wiederum kurze Antwort.

„Wir waren in dem italienischen Spezialitätenrestaurant. Absolut klasse. Dann wollte Mama noch tanzen gehen und ich glaube gegen 1 Uhr nachts haben wir noch hier draußen einen Absacker getrunken. Was für ein schöner, erster Abend", berichtete Michael.

Auf einmal trat Papa auf den Balkon. Noch im Bademantel. „Moin, moin, gibt es hier Kaffee?"

„Papa, zieh dir doch bitte mal was an", entrüstete sich Sabine.

„Hab ich doch oder wofür haben die diese Bademäntel ausgegeben?" Er reckte und streckte sich und Michael verschwand erneut in der Kabine. Als er zurückkam, hatte er Hilde im Schlepptau.

„Moin, was für ein herrlicher Tagesbeginn", freute sie sich. Auch Hilde trug den Bademantel der Reederei.

„Siehst du, ich bin richtig angezogen", freute sich Werner und griff gierig nach dem Becher, den Michael ihm reichte.

„Wir müssen unbedingt bei Harry diese Kaffeepads bestellen", meinte Sabine.

„Machen wir, der kommt um 8 Uhr mit dem Frühstück", erwiderte Papa.

„Ach, das wusste ich gar nicht", gab Sabine zur Antwort.

„Das habe ich bestellt, als du schon im Bett warst. Einmal die Karte rauf und runter, ich freue mich schon", sagte Papa.

Hilde lachte glockenhell auf. „Ich frühstücke auch gern auf dem Balkon, aber heute gehen wir mal ins Restaurant. Wir haben nachher einen Ausflug mit der Reederei gebucht, da bin ich gern pünktlich!"

„Was macht ihr denn?", hakte Sabine nach.

„Den Rundgang durch Opatija mit Weinverkostung. Mama liebt geführte Ausflüge mit der Reederei", war Michaels Antwort, „vor allen, wenn Arsenio mit dabei ist."

„Wir gehen auch rund, aber allein", verkündete Papa fröhlich.

Pünktlich um 8 Uhr klopfte es an der Suite 706 und Harry servierte das Frühstück. Zunächst deckte er professionell den Tisch auf dem Balkon mit einer weißen Tischdecke ein. Dann zauberte er zunächst eine Portion Rührei und eine Portion Eggs Benedict hervor und stellte schließlich kleine Schälchen mit Lachs, Wurst, Käse und verschiedenen Marmeladen auf den Tisch. In einem Brotkorb erblickte Sabine Croissants, Weißbrot und kleine, dunkle Brötchen. Auch eine Kaffeekanne stellte Harry auf den Tisch und zwei Gläser mit frisch gepresstem Orangensaft.

„Eggs Benedict", rief Sabine aus, „meine Lieblingsvariation an Eierspeisen!"

„Weiß ich doch", freute sich Papa und orderte gleich auch noch Kaffeepads.

Harry fragte nach, ob er die Flasche Champagner, die jeden Tag im Reisepreis inkludiert war, jetzt schon bringen sollte.

Sabine und ihr Vater stimmten zu. Der Butler verließ kurz die Suite und kehrte mit dem inzwischen bekannten Eiskübel und zwei Gläsern zurück. Routiniert schenkte er ein und erkundigte sich nebenbei nach den Plänen des Tages. Werner berichtete, dass sie sich ganz zwanglos das Städtchen ein wenig auf eigene Faust ansehen wollten und fragte ihn nach weiteren Tipps. Diese hatte der Butler nicht wirklich, denn er war persönlich das erste Mal in diesem Hafen. So ließen Sabine und ihr Vater sich das Frühstück schmecken, als plötzlich Sabines Smartphone klingelte.

„Annika?", fragte sie kauend. Eine Weile hörte sie ihrer Assistentin schweigend zu.

„Danke! Wir sind heute in Opatija, das ist in Kroatien. Ich gehe mit meinem Vater gleich an Land." Sabines Stimme klang kühl und beherrscht, doch Werner fühlte, dass etwas nicht stimmte. Sabine drückte den Aus-Knopf des Telefons.

„Na, alle Konferenzräume nun gebucht?", versuchte Werner es diplomatisch und angelte nach der dritten Scheibe Lachs.

Sabine stand auf und ging ein wenig an Deck hin und her. Dann trat sie mit voller Wucht gegen den nächstbesten Liegestuhl. Da sie leider noch keine Schuhe trug, schoss der Schmerz in ihren rechten Fuß und sie begann zu weinen. Sie drehte sich zu ihrem Vater um: „Mia Berg wurde heute Nacht geboren, 3.400 Gramm, alles dran. Mutter und Kind sind wohlauf und der Vater hatte nichts Besseres zu tun, als damit heute Morgen seinen Facebook-Account zu befüllen.

Er schreibt von einer baldigen Taufe inklusive Hochzeit, ich könnte kotzen."

Solche vulgären Worte aus ihrem Mund zu hören, überraschte Werner, aber es zeigte ihm erneut, wie tief der Schmerz bei seiner Tochter saß. Diese rieb sich inzwischen den lädierten Fuß.

„Dass deine Assistentin nichts Wichtigeres zu tun hat, als deshalb anzurufen?"

„Ich habe sie damit beauftragt", rechtfertigte sich Sabine und Tränen traten wieder in ihre Augen.

„Um dir unseren Urlaub verderben zu lassen? Du musst immer das Gefühl haben, alles zu kontrollieren, oder? Wann willst du Michaels Entscheidung endlich akzeptieren?", schimpfte Werner. „Ich glaube du liebst den immer noch, obwohl er dich jahrelang betrogen und hintergangen hat!"

Er stand auf und ging in den Innenraum der Kabine. Zurück kehrte er mit zwei Fläschchen Underberg. „Alkohol ist keine Lösung, aber den trinken wir jetzt", befahl er.

Sabine kippte den Inhalt in einem Zug herunter. Der Kräuterlikör schmeckte furchtbar bitter.

„So, liebes Kind, und nun vergiss den Alltag, dein Berlin und dein Image! Schau, sie lassen gerade die Tenderboote zu Wasser und ich mag jetzt einen Ausflug mit dir an Land machen." Dabei sah er sie mit strengem Blick an. „Es ist unsere Woche, oder?"

Sabine wischte sich die Tränen aus den Augen und meinte: „Okay, das stimmt, lass uns an die Rezeption auf Deck 3 gehen, von dort aus starten die Tenderboote, wie ich im Tagesprogramm gelesen habe."

Keine zwanzig Minuten später saßen sie schon in einem der kleinen Boote. Um sie herum waren nur Amerikaner, die bemüht waren, mit ihren Selfiesticks möglichst coole Fotos von sich zu schießen. „Great", „beautiful", „wonderful", waren die Worte, die Bini aufschnappte. Sie näherten sich dem kleinen Hafen und Sabine sah unzählig viele Fischerboote, aber auch ein paar Fahrgastboote. An der Pier hatte sogar eine große Jacht festgemacht, die gerade gereinigt wurde. Werner sprang als Erster aus dem Tenderboot und lief zu den Fischern, die gerade ihre Fuhre von der Nacht ausluden. Sabine ließ erst die Amerikaner aussteigen, dann stand auch sie auf der Pier.

„Hallo, ich wünsche dir einen schönen Tag", hörte sie eine Stimme und erkannte Arsenio, der offensichtlich mit dem ersten Tender gefahren war. „Seid ihr bei meinem Ausflug dabei?"

„Nein, wir gehen selbst ein wenig spazieren", meinte Sabine und sah sich nach ihrem Vater um.

„Schade", fand Arsenio und Sabine glaubte es ihm sogar. Wie der sie schon wieder anstarrte!

Sie fand ihren Vater schließlich in einer Diskussion mit Händen und Füßen mit einem Fischer, der bestimmt Papas Alter hatte, aber offensichtlich immer noch zur See rausfuhr.

„Ich habe ihm gerade erklärt, dass wir Kollegen sind."
Sabine nickte.

„Che bella donna", meinte der Fischer und klopfte Papa anerkennend auf die Schulter. Dabei entblößte er seine Zahnreihen, die von großen Lücken geprägt waren.

Zum Glück verstand Sabine kein Italienisch und obwohl Papa protestierte, zog sie ihn doch mit sich fort. Gleich an den Hafen grenzte ein schöner Park, den sie nun langsam durchstreiften. Er bot eine üppige Flora mit vielen exotischen Pflanzen. Einer der Wege führte schließlich zu einer prunkvollen, gelben Villa. Es war warm geworden und Papa schwitzte. Vor der Villa standen ein paar junge Mädchen, ganz in Tracht gekleidet, und musizierten.

„Lass uns mal ein wenig hinsetzen", meinte Werner, „ich bin ja nun doch nicht mehr der Jüngste. Ist das heiß heute! Und kein bisschen Wind."

Sabine willigte ein und sie lauschten eine Weile schweigend der Musik. Inzwischen füllte sich der Park und immer wieder sahen sie Reiseleiter von ihrem Schiff, die mit großen Kellen herumwanderten, auf denen die Ausflugsnummer stand.

„Das muss diese Villa Angiolina sein", sagte Werner, „ich habe darüber im Tagesprogramm gelesen."

Sabine hing mal wieder ihren Gedanken nach. Ihr persönlich war es völlig egal, welche Villa das war. Erneut kam eine kleine Reisegruppe vorbei und Sabine sah Hilde und Michael. Hilde steuerte sofort auf sie zu: „Ihr müsst noch nach dahinten gehen, da ist der ganz alte Hafen und die berühmte Statue *Mädchen mit Möwe*! Arsenio meint, wer die nicht gesehen hat, der war nicht in Opatija!" Dann hastete sie schnell ihrer Reisegruppe hinterher. Plötzlich klingelte Papas altes Smartphone.

„Hallo, hier ist Werner von der Sea Princess!"

Sabine verdrehte genervt die Augen bei der Wichtigtuerei ihres Vaters.

„Ach, Franz, ja du, ich sitze gerade vor einer Villa am Mittelmeer und …!"

Sabine riss sein Telefon an sich und sagte: „Tschüs, Franz, wir sind in Kroatien, das Telefonat kostet hier ein Vermögen, Papa ruft dich nächste Woche wieder an." Dann drückte sie den Aus-Knopf.

„Du gönnst mir auch gar nichts", war Werners Reaktion und er stand auf. „Nur, weil du dein Telefon auf dem Schiff vergessen hast."

Sabine kontrollierte ihre Handtasche. Tatsächlich – sie hatte es nicht dabei. Das war ihr noch nie passiert! Kurz überkam sie Panik, weil sie nicht erreichbar war. Dann war es ihr jedoch egal, sie würden ja nicht Stunden hier an Land verbringen.

„Willst du zurück zum Schiff?", fragte sie ihren Vater und eine kleiner Funken Hoffnung keimte auf.

„Nö, ich will jetzt das Mädchen mit der Möwe sehen, sonst war ich ja schließlich nicht in Opatija."

Eine Zeitlang gingen sie über die steinige Promenade. Sie kamen an vielen Hotels vorbei, die zum Meer hin Liegen und Sonnenschirme aufgestellt hatten. Ins Wasser ging es jedoch nur über eine Treppe, da es keinen Sand gab. Die meisten Liegen waren schon belegt. Ganz am Ende, kurz vor einem weiteren kleinen Hafen, sahen sie dann endlich die Statue, die doch größer war, als Sabine vermutet hatte. Werner machte mit seinem Handy Fotos, denn von hier aus bot sich ihnen auch der Blick auf ihr Kreuzfahrtschiff, das auf Reede lag. Natürlich musste Sabine sich neben die Statue stellen und sie kam sich vor wie früher in den Bergen, wo sie mit ihrer Mutter an jedem Gipfelkreuz als Urlaubserinnerung posieren musste. Plötzlich fehlte ihr die Mutter sehr.

„Komm her", rief sie nach ihrem Vater, „ich komme mir so einsam vor, wir machen ein Selfie."

„Prima", fand Papa, „das sende ich nachher Franz, Hans und auch Heiner. Na, die werden Augen machen."

Danach machten sie sich langsam auf den Rückweg. Es war jetzt wirklich unerträglich heiß geworden und Werner hatte darauf bestanden, vor der Massage noch eine Kleinigkeit an Bord zu essen. Er wollte unbedingt das Burger-Restaurant an Deck ausprobieren. Sabine hasste Burger in jeglicher Form, denn die hatte Michael immer so gern gegessen. Sie hatte aber gesehen, dass es dort auch Salate gab und fügte sich in ihr Schicksal.

„Oh, Papa", rief Sabine. Sie lagen getrennt auf zwei Behandlungsliegen in einem der stilvoll eingerichteten

Behandlungsräume des Spa-Bereiches der Sea Princess und eigentlich wollte Sabine entspannt und ohne Gespräche ihre Hot-Stone-Massage genießen. Diese wurde abwechselnd mit heißen und kalten Steinen durchgeführt. Das Problem war nur, dass ihr Vater jedes Mal, wenn der Temperaturwechsel der Steine anstand, juchzte, als würde man ihn unter den Füssen kitzeln. Außerdem sprach er dauernd mit seiner Masseurin, was Bini auch nervte. Doch die nette Österreicherin Lizi hörte sich alles an und fragte auch noch nach. Sein halbes Leben hatte er ihr schon berichtet.

„Oh, Papa in Opatija", freute sich ihr Vater und Lizi begann lauthals zu lachen.

„Ihr Vater ist so lustig", fand sie. „Wie aufregend, dass er früher Fischer war."

„Ja, Fisch, Fisch und nochmals Fischgeschichten. Bei einer Hot-Stone schweigt man, wir sind ja schließlich hier zur Entspannung und nicht auf dem Markt."

„Also mich strengt das Sprechen jetzt nicht an", bekam sie von Werner zur Antwort.

Um ihn zu ärgern, begann sie selbst schließlich ein Gespräch mit ihrem Masseur. Er hieß Rommel und kam von den Philippinen. Da das Ganze auf Englisch stattfand, verstand Papa natürlich kein Wort. Im Grunde redeten sie belangloses Zeug. Rommel war auch schon einmal in Berlin gewesen, allerdings nur am Flughafen und Sabine erzählte ihm, was sie dort so beruflich machte. Seitdem schwieg Papa beleidigt.

Später in der Suite legte Sabine eine hautverjüngende Gesichtsmaske auf und machte es sich auf einer der Liegen auf dem Balkon mit dem Bordprogramm gemütlich. Ihr Vater war so tiefenentspannt nach der Massage gewesen, dass er sich sofort nach seiner Rückkehr auf die Kabine schlafen legte. Leider wachte er schon nach einer halben Stunde wieder auf und besuchte Sabine auf dem Balkon.

„Du hast da was im Gesicht", bemerkte er, denn die Creme war blau.

„Ja, eine Gesichtsmaske, da sehe ich heute Abend toll aus", war ihre Antwort.

„Das tust du immer", fand Papa. „Manchmal sehe ich Mama in dir."

Nun lächelte Sabine.

„Soll ich mal Prinz Harry anrufen und Kaffee und Kuchen auf die Kabine bestellen? So kannst du ja nicht ins Restaurant gehen?", erkundigte sich Papa zuvorkommend.

Sabine stimmte zu. Papa ging zum Telefon und sie hörte: „Ja, hier Werner von 706. Meine Tochter und ich hätten gern Kaffee und hast du Erdbeerkuchen? Ach, der ist aus. Ja, dann Apfelkuchen? Prima. 706, ach, das weißt du schon, dann bis gleich." Werner kehrte zurück auf den Balkon und setzte sich an den Tisch.

Sabine nutzte die Gelegenheit, um ins Bad zu gehen und die letzten Reste der Maske mit einem Kosmetiktuch zu entfernen. Sie blickte in den Spiegel und freute sich. Sie hatte in Berlin eine der besten Visagistinnen an ihrer Seite und Christina verstand nicht nur etwas von Hautpflege, sondern hatte auch die besten Produkte einer amerikanischen Firma in ihrem Programm. Als sie auf den Balkon zurückkehrte, war Harry gerade dabei, den Kaffee einzuschenken. Er plauderte noch ein wenig mit ihnen über den Tag, dann entfernte er sich diskret. Werner machte sich mit wahrem Heißhunger über den Kuchen her, während Sabine lustlos darin herumstocherte. Im Grunde hasste sie das typisch deutsche, traditionelle Kaffee & Kuchen-Tamtam. Doch Papa war ganz wild danach.

„Wir müssen über heute Abend reden", sagte er schließlich und legte die benutzte Serviette sorgsam zusammen.

Sabine sah ihn erstaunt an.

„Ich, ähm, also, ich habe eine Verabredung zum Essen und wir wollen mal so unter uns reden."

„Mit wem denn Papa?"

„Mit Hilde, also sie hat mich darum gebeten und ich wollte nicht unhöflich sein und du findest Hilde ja auch nett, oder?"

Sabine überlegte einen Augenblick. Sie fragte sich, seit wann er von der Verabredung wusste, denn außer in dem Park hatten sie Hilde und Michael heute den ganzen Tag nicht mehr gesehen. Dann fand sie die Idee plötzlich genial. Sie konnte entspannt auf dem Balkon bleiben, musste sich nicht auftakeln und würde eine Kleinigkeit bei Harry bestellen. Außerdem würde sie endlich arbeiten können, dazu war sie schon den ganzen Tag nicht gekommen, und es plagte sie bereits ein schlechtes Gewissen.

„Das mach doch, Papa. Da wünsche ich euch viel Spaß."

Werner strahlte. „Also wir sind im Hauptrestaurant verabredet, vielleicht geht ihr woanders hin?"

Sabine lachte. „Wieso wir? Also, ich bleibe hier und bestelle mir den schönen Salat mit geschmolzenem Ziegenkäse und vielleicht ein Glas Weißwein bei Harry."

„Da haben wir den Salat", war Papas Kommentar.

„Was meinst du damit?", wollte Sabine wissen.

„Salat, dauernd immer Salat, du solltest mal was Gescheites essen", fand Papa, erhob sich und ging ins Innere der Suite. „Ich muss mich jetzt zurechtmachen."

Kurz nach dem Ablegen verließ ihr Vater die Suite. Sabine blätterte in der umfangreichen Karte und bestellte bei Harry schließlich doch den Ziegenkäse, ein Glas Weißwein und eine Portion Tiramisu. Nur eine Viertelstunde später servierte Harry und nach einem kurzen Plausch verschwand er, dezent wie immer. Nach dem Essen klappte sie ihren Laptop auf. Inzwischen hatten sie sich ein WLAN-Paket gekauft und konnte sich so einfacher ins Internet und in ihre Mails einloggen. Annika hatte das Problem mit dem Konferenzraum gelöst. Sie war froh. Darüber hinaus gab es einige neue Eventanfragen. Sie begann zu tippen. Irgendwann hörte sie die Tür der Nachbarkabine zum Balkon hinaufgehen. Michael trat an die Reling. Er trug ein blaues Jeanshemd und eine weiße Stoffhose und sah einfach aus wie aus einem Modell-Katalog für reifere Jahrgänge. So der Parship-Typ aus der Fernsehwerbung. Als sie aufsah, grüßte er freundlich.

„Du arbeitest noch?", stellte er fest, obwohl er es als Frage formulierte.

„Ja, ja, selbst und ständig", meinte sie. „Was machst du eigentlich beruflich?"

„Ich bin Koch!"

„Du bist ein Koch?", nun staunte Sabine nicht schlecht.

„Ist das so ungewöhnlich?"

„Nein, nein, natürlich nicht", wiegelte sie ab und wandte sich wieder ihrem Laptop zu.

„Du hast auf dem Balkon gegessen", stellte er fest. „Ich war nur schnell einen Burger essen, ich mag es absolut nicht, allein im Restaurant zu sitzen."

„Ich auch nicht", lachte Sabine und dachte, *auch der Burger-Typ!*

„Meinst du, es ist was Ernstes mit deinem Vater und meiner Mutter?"

„Bitte?", nun hatte er Sabines ungeteilte Aufmerksamkeit.

„Die kennen sich nicht erst seit dem Flughafen, glaube mir. Sie haben uns angelogen."

„Was?", Sabine schob ihren Laptop weg, stand auf und trat zu ihm an die Reling.

„Ich musste Mama heute den WLAN-Zugang einrichten, damit sie ihren Freundinnen WhatsApps senden kann. Dabei habe ich aus Versehen Nachrichten von einem Werner gelesen, die über ein halbes Jahr alt sind."

„Es gibt viele Männer namens Werner", gab Sabine zu bedenken.

„Die letzte Nachricht von ihr an ihn lautete ‚Sehen uns morgen am Flughafen, freue mich, Gruß Hilde!' Die ist zwei Tage alt."

Sabine war wie vor den Kopf geschlagen. Papa und Hilde kannten sich bereits länger? Aber warum hatte er nichts gesagt? Wieder dachte sie an ihre Mutter. Sie machte doch diese Kreuzfahrt mit Papa, damit sie beide an seinem 80. Geburtstag ihr nahe waren? In Dubrovnik, wohin die beiden einst die Hochzeitsreise geführt hatte und das sie in fünf Tagen erreichen würden. Zumindest klang *Gruß Hilde* nicht nach einer Liebesbeziehung. Doch wie gestaltete sich Liebe im Alter? Schrieb man da vielleicht so? Michael sah die Verwirrung in ihrem Gesicht und legte seine Hand auf ihre. Sie blickte in seine bernsteinfarbenen Augen und musste plötzlich an Ralfs meerblaue denken. Schnell zog sie ihre Hand zurück.

„Das müssen wir klären", fand Sabine. „Magst du zu mir auf den Balkon kommen?"

Er machte Anstalten über die Reling zu klettern. „Stopp, du kommst durch die Tür und bringst eine Flasche Rotwein mit, sonst halte ich das nicht aus!"

„D-A-S hat auch noch keine Frau zu mir gesagt", antwortete Michael. „Gib mir zwanzig Minuten."

Sabine nickte und sah, dass er in die Suite ging. Sie hörte, dass er telefonierte, vermutlich bestellte er bei Harry die Flasche Wein. Ihr Weg führte sie in Papas Schlafzimmer. Da lag sein Smartphone. Sie zögerte, dann griff sie danach. Es forderte einen sechsstelligen Code. Sie gab den Hochzeitstag und das Jahr der Eheschließung ihrer Eltern ein und schon entsperrte sich der Bildschirm. Dann ging sie auf die Nachrichten und fand den Kontakt Hilde Brunner. Sie begann den Gesprächsverlauf zu lesen. Auch sie kam darin vor.

Sabine ist manchmal etwas schwierig, aber das wird schon werden. Der Plan ist einfach zu gut, ich sage es Sabine im Mai. Sie konnte es immer noch nicht glauben, obwohl sie es nun gelesen hat. Irgendwann klopfte es an der Kabinentür. Sie öffnete und ließ Michael ein.

„Eure Suite ist genau spiegelverkehrt zu unserer", meinte er, als er sich umsah. „Harry hat darauf bestanden, noch ein paar Schnittchen zum Wein zu reichen, er kommt also gleich noch mal."

„Nach Essen ist mir zwar nicht, denn ich habe gerade Papas Smartphone gecheckt. Die kannten sich ja sogar schon vor Weihnachten!"

„Richtig", meinte Michael, „aber Mama hat mir davon kein Wort gesagt.

„Papa mir auch nicht!"

„Warum machst du mit deiner Mutter diese Kreuzfahrt?"

„Angeblich wollte sie mal wieder eine Woche auf eins ihrer Schiffe und mag jetzt im Alter nicht mehr allein fahren", gab er zur Antwort.

„Mir hat Papa seinen 80. Geburtstag und Dubrovnik vorgegaukelt, wo er damals seine Hochzeitsreise mit meiner Mutter hingemacht hatte", meinte Sabine.

Es klopfte an der Kabinentür und Harry trat ein. Auf dem Balkon räumte er das benutzte Geschirr von Sabine wieder ab und drapierte kleine Tellerchen mit einer Käseauswahl und Weingläser geübt auf den Tisch.

„Käse schießt den Magen", meinte er und Sabine und Michael lachten herzlich über seinen Versprecher. Dann verließ Harry die Suite und Sabine und Michael setzten sich. Gemeinsam versuchten sie zu überlegen, warum ihnen Werner und Hilde nicht gesagt hatten, dass sie sich kannten, ja vermutlich diese Reise sogar gemeinsam geplant hatten. Sabine erfuhr, dass Hilde erst seit vier Jahren Witwe war. Michaels Vater war an einer sehr seltenen Krankheit gestorben und seitdem hatte sie ihren Kreuzfahrt-Tick, wie Michael es nannte, ausgelebt. Sein Vater hatte sich immer geweigert, diese Musikdampfer zu betreten. So hatte er sie genannt, Musikdampfer. Michael war froh darüber gewesen, denn so saß sie wenigstens nicht zu Hause und blies Trübsal. Sabine berichtete von dem plötzlichen Tod ihrer Mutter und dass Papa noch heute am Abend das Bett für sie aufdeckte. Auf einmal schweiften sie von ihren Eltern ab. Michael erzählte, dass er im Adlon als Chefkoch arbeite. Das fand Sabine äußerst spannend, denn natürlich hatte sie mit dem namhaften Hotel am Brandenburger Tor schon zahlreiche Events durchgeführt, war aber noch nie in der Küche gewesen.

„Du wärst mir bestimmt aufgefallen", meinte sie.

„Tatsächlich", war seine Antwort und es war mehr eine Feststellung als eine Frage.

Sabine nahm einen kräftigen Schluck aus ihrem Rotweinglas. Michael gab zu, dass ihn zunächst die Arbeit im Hotel sehr fasziniert hatte, er aber inzwischen eigentlich von einem eigenen Catering-Service träumte. Sabine ermutigte ihn, es doch zu probieren. Sie könnte ihn bei zahlreichen, guten Geschäftskontakten empfehlen. Er strahlte, wirkte aber das erste Mal, seit sie ihn kannte, unsicher.

„Wenn wir wieder in Berlin sind, dann kommst du mal zu mir und zeigst mir in meiner Küche, was du so drauf hast", schlug Sabine vor. „Ralf kann auch Probe essen, der hat immer Hunger!"

„Ist Ralf dein Freund?", hakte Michael nach.

„Ein Freund", war ihre Antwort.

Michael nickte. Ihm war schon im Flugzeug aufgefallen, dass sie keinen Ehe- oder Freundschaftsring trug.

„Und du?", wollte sie nun wissen. „Gibt es eine Frau in deinem Leben?"

Er lehnte sich in seinem Sessel entspannt zurück. „Es ist kompliziert", gab er offen zu.

„Dein momentaner Facebook-Status?", lachte sie und fühlte sich so frei und glücklich wie lange nicht. In diesem Moment versank die Sonne purpurrot im Meer und der Himmel schimmerte in violetten Farben. Sie stand auf und lief zur Reling.

„Das ist so wunderschön, Micha, guck mal." Dabei nannte sie ihn so wie früher ihren Ex-Mann, ganz spontan.

Er trat hinter sie und legte den Arm um sie. Sie wehrte sich nicht, sondern kuschelte sich an seine Schulter. Sie genossen diesen wunderbaren Moment und die Wellen plätscherten wie ein Konzert des Meeres. Dann küsste er sie vorsichtig auf den Mund und in ihrem Bauch wanderte kurz eine Ameisenarmee auf und ab. So war sie lange nicht geküsst worden. Er schmeckte gut, ein wenig nach Rotwein und nach dem salzigen Duft des Meeres. Doch es fehlte Sabine die Leidenschaft. Sie wandte sich nach ein paar Minuten aus seinem Arm. „Entschuldige, das hätte nicht passieren dürfen."

„Nein", sagte er, doch seine Augen funkelten.

„Mein Ex-Mann heißt auch Michael und er hat mich für seine jüngere Assistentin verlassen. Heute wurde ihr Baby geboren. Mia, 3.400 Gramm und wohlauf. Die Hochzeit steht kurz bevor. Es tut mir leid, ich bin wohl gerade ein wenig durcheinander. Ich hätte das nicht zulassen dürfen. Es tut mir leid."

Michael drückte sie kurz und meinte: „Es ist alles gut, es muss ja niemand erfahren." Dankbar sah Sabine zu ihm auf. Er verabschiedete sich mit einem Kuss auf Sabines Stirn und verließ rasch die Suite.

Sabine ging ins Bad und wusch sich das Gesicht. *Was ist bloß los mit mir*, dachte sie. Sie war gerade erst 24 Stunden auf diesem Schiff und alles verlief noch schlimmer, als sie es sich in den kühnsten Träumen vorgestellt hatte. Sie arbeitete kaum und hatte es eben zugelassen, dass ein Mann sie küsste, dessen Beziehungsstandard vermutlich in den sozialen Medien auf *es ist kompliziert* stand. Dann war der Kuss auch noch so, als ob sie ihren Bruder küssen würde. Na ja, vielleicht würde er bald Bruderstatus haben, wenn sich Papa und Hilde verlieben würden. Oder waren sie es bereits? Sabine fühlte, wie ihr der Boden unter den Füßen weggezogen wurde und sie schien rein nichts daran ändern zu können. Sie hasste solche Situationen, die sie nicht kontrollieren konnte, und hatte sich bei der Trennung von Michael geschworen, niemals wieder in eine Situation zu geraten, über die sie nicht die Kontrolle hatte. Dennoch befand sie sich mittendrin. Erschöpft schlüpfte sie unter ihre gemütliche, große Bettdecke und löschte das Licht, als sie plötzlich Stimmen in der Kabine hörte.

„Es ist alles dunkel, komm rein, Hilde. Geh am besten gleich auf den Balkon. Ich suche mal nach einem Absacker in der Mini-Bar."

Sabine hörte, wie Hilde die Balkontür öffnete. Ob Papa Hilde jetzt abschleppen wollte? Der Gedanke behagte ihr gar nicht. Ihre Tür zum Wohnraum war nur angelehnt. Als sie sah, dass sie geöffnet wurde, stellte sie sich schnell schlafend. Dann hörte sie, dass ihr Vater die Mini-Bar öffnete.

„Grappa, magst du einen Grappa?", fragte er Hilde leise. „Der ist aber gekühlt."

„Nur die Amerikaner schaffen es, Grappa in den Kühlschrank zu legen", lachte Hilde leise.

Ihr Vater trat zu Hilde auf den Balkon und Sabine war plötzlich putzmunter. Leise schlich sie aus ihrem Zimmer, damit sie das Gespräch auf dem Balkon besser hören konnte. Ihre Tür zum Balkon war nämlich geschlossen.

„Guck mal", meinte Hilde, „zwei Gläser und eine leere Flasche Rotwein. Dazu einen Teller, von dem sicher Käseschnittchen verzehrt worden sind."

„Die Zwei waren zusammen. Das ist klar, wir haben schließlich das ganze Schiff eben nochmals abgesucht. Sie waren in keinem Restaurant und in keiner Bar, also haben sie den Abend zusammen verbracht. Da bin ich mir sicher."

Sabine sah, wie ihr Vater zwei kleine Gläser mit Grappa befüllte. Sie stießen an. Wenigstens küssten sie sich nicht. Irgendwie konnte Sabine sich keine andere Frau an der Seite ihres Vaters vorstellen, wenn sie auch Hilde nach der kurzen Zeit schon mochte.

„Ob sie sich schon verliebt haben?", fragte sie jetzt ihren Vater.

„Sabine ist da ein wenig schwierig, sagte ich dir ja schon. Aber das Meer und vielleicht haben sie auch den traumhaften Sonnenuntergang vorhin gesehen. Da kann schon was passiert sein."

Werners Stimme klang optimistisch. Sabine merkte, wie sie langsam wütend wurde.

„Ach, Werner, die Zwei sind wie geschaffen füreinander. Sie ist Eventmanagerin, er ein Sternekoch, es ist das gleiche Business. Und wie hübsch sie zusammen aussehen, wenn sie nebeneinanderstehen."

Werner nickte eifrig.

„Diese Olga geht auch wirklich gar nicht. Tingelt als Fotografin von Kreuzfahrtschiff zu Kreuzfahrtschiff und ist monatelang weg. Die macht meinen Michael nur unglücklich. Es kann mir doch keiner erzählen, dass die da nichts mit anderen Männern hat. Und Michael ist so sensibel."

„Genau deshalb machen wir ja alle diese Reise zusammen", stellte Werner fest, „unsere Kinder müssen aus ihrem Dornröschenschlaf geweckt werden. Sabine hatte, glaube ich, nach ihrem Michael gar keinen Freund mehr. Da ist nur ein Ralf, der ab und zu die Blumen gießt. Der ist aber schon seit Jahren Single und völlig unwichtig."

Sabine hatte genug gehört und zog sich leise in ihr Schlafzimmer zurück. Mit knapp 50 Jahren sollte sie von ihrem Vater verkuppelt werden! Das konnte ja wohl nicht wahr sein! Das ganze Theater um seinen 80. Geburtstag und Dubrovnik war nur eine Farce gewesen! Schließlich kannten sich Hilde und er vermutlich schon seit Monaten und hatten zusammen diesen Plan mit der Kreuzfahrt ausgeheckt. Sie befand sich weder in einem Dornröschenschlaf noch hatte sie Interesse an irgendeinem Zwerg, den Papa sich für sie vorstellte. Sie dachte kurz an Michael. Natürlich war er kein Zwerg, aber bei ihrem Kuss hatte sie Freundschaft statt Liebe gespürt. Dass er eigentlich ein Sternekoch war, hatte er gar nicht erzählt. Genervt warf sie sich in ihre Kissen. Sie checkte kurz ihr Smartphone, kein Empfang. Ihre Gedanken wanderten zu Ralf und dem letzten Abend in Berlin. Plötzlich kribbelte es in ihr. Sie verbot sich, das Gefühl weiter auszuleben. Dann hörte sie, wie die Terrassentür sich schloss und Papa und Hilde sich offenbar voneinander verabschiedeten. *Oh, Papa*, dachte sie, *warum tust du mir das an?* Als sie sich auf die Seite wälzte, fiel ihr ein, dass diese Albtraumkreuzfahrt noch fünf weitere Tage dauern würde.

Kapitel 3
Seetag auf dem *Traumschiff*

Als Sabine am nächsten Tag aufwachte, fühlte sie sich wie gerädert. Sie hatte einen intensiven Traum hinter sich. Sie hatte Sex gehabt. Fantastischen, wilden und ausgiebigen Sex. Er war sogar besser gewesen als damals mit Micha. Das Problem war nur, dass der Mann, der sie so glücklich gemacht hatte, kein Gesicht gehabt hatte. Sex mit einem Unbekannten, sie schüttelte über sich selbst den Kopf. Dann begann sie sich wieder an den gestrigen Abend zu erinnern. Michael hatte sie geküsst oder hatte sie ihn geküsst? Egal, es war passiert. Sie angelte nach dem Tagesprogramm, das auf dem kleinen Nachtschrank lag: Seetag! *Sehr gut*, dachte sie und beschloss, ihr Schlafzimmer heute am besten gar nicht zu verlassen. So musste sie wenigstens Michael nicht begegnen. Dann fielen ihr die Gespräche von Papa und Hilde auf dem Balkon ein. Sie musste sich der Begegnung mit Michael doch stellen, denn die Informationen der Verkupplungsaktion betrafen schließlich auch ihn. Sie sah auf ihr Smartphone. Kein Netz, wie immer, aber es war schon nach 10 Uhr. Aus dem Wohnraum der Suite hörte sie gedämpfte Stimmen. Mit wem Papa wohl nun schon wieder redete? Sie blickte aus dem Fenster. Die Sonne schien und sie sah sanfte Wellen, die das Schiff umspülten. Sie ging rasch zur Toilette, zog sich dann einen Bademantel an und öffnete vorsichtig ihre Schlafzimmertür. Was sie sah, ließ sie im ersten Moment sprachlos werden. Papa saß gemütlich mit Butler Harry auf dem Sofa und trank Champagner! Aus einem Stock und einem Faden hatte er eine Behelfsangel gebaut und ganz offensichtlich versuchte er, Harry zu erklären, wie man am besten Fische fängt. Die beiden waren so vertieft, dass sie Sabine gar nicht bemerkten und die Champagner-Flasche war bereits halb leer. Sie räusperte sich kurz.

„Oh, Miss Sabine, guten Morgen. Haben Sie einen Wunsch?", Harry sprang auf.

„Kaffee!"

Der Butler lief sofort los und Sabine bemerkte, dass er ein wenig schwankte.

„Sabine, liebes Kind, hast du schön ausgeschlafen?" Papa strahlte mehr als die Sonne draußen.

„Ja, schön nicht, aber doch eigentlich ja", war ihre wenig sinnvolle Antwort.

„Du bist ein wenig durcheinander", stellte ihr Vater fest, „aber das ist ja auch verständlich nach dem gestrigen Abend." Dabei zwinkerte er ihr liebevoll zu.

Harry kam zurück und servierte formvollendet den Kaffee.

„Harry macht morgen auf Mykonos eine Fahrt mit einem Hochseefischer, da habe ich ihn schon mal eingewiesen. Noch sind zwei Plätze frei, wollen wir da nicht mit?"

„Nein", Sabines Stimme klang eiskalt.

Sie nahm einen großen Schluck Kaffee und überlegte dabei, was sie nun tun sollte. Sie wollte auf jeden Fall erst mit Michael reden, bevor sie ihren Vater damit konfrontierte, dass sie inzwischen den eigentlichen Reiseanlass kannte.

„Wie war denn dein Date mit Hilde?", fragte sie stattdessen.

„Also, es war doch kein Date! Ich liebe doch deine Mutter immer noch. Es war ein nettes Abendessen, ja, das war es. Als ich zurückkam, hast du schon geschlafen. Da wollte ich dich nicht wecken."

„So, so", machte sie und fixierte ihn mit wütendem Blick.

Harry, der die explosive Stimmung zu spüren schien, schließlich verfügte er schon über einige Jahre Erfahrung als Butler, trank sein Glas schnell aus und meinte: „Ich muss jetzt auch wieder an die Arbeit. Ab 11 Uhr gibt es eine kleine Party oben an Deck. Um 12 Uhr ist dann ein tolles BBQ geplant, bitte nicht vergessen. Das wird bestimmt schön!" Dann verbeugte er sich und verließ den Raum.

„Das machen wir, oder?", fragte Sabines Vater.

„Nein, also jedenfalls ich nicht. Nach Party ist mir überhaupt nicht."

„Hast du Kopfschmerzen? Dann trink ein Glas Champagner, das hilft", schlug Papa vor.

Sabine stellte ihren inzwischen leeren Kaffeebecher auf den Tisch und wandte sich zum Gehen. „Ich bleibe heute im Bett." Dann knallte sie die Tür hinter sich zu.

Papa schaute ihr verdutzt nach. Ob gestern Abend was schiefgegangen war? Vielleicht wollte Michael gar nichts von Sabine wissen und sie war deshalb so sauer. Er musste unbedingt mit Hilde sprechen, aber natürlich allein. Um kurz vor 11 Uhr verließ er die Kabine und rief noch einmal laut: „Ich gehe jetzt an Deck, du kannst ja nachkommen, wenn es dir besser geht." Er bekam keine Antwort.

Werner stieg die eine Etage nach Deck 6 zu Fuß hinab und hörte schon fröhliche Musik aus Richtung des Pool-Decks. Er sah sich um und entdeckte Hilde und Michael ein einem Vierertisch nahe der Tanzfläche. Hilde winkte und rief: „Wir haben noch zwei Plätze frei."

Werner umarmte sie herzlich und haute Michael zur Begrüßung freundschaftlich auf die Schulter.

„Wir brauchen nur einen, meine Mylady hat beschlossen, heute im Bett zu bleiben."

„Bei dem tollen Wetter! Was hat sie denn?", fragte Hilde verständnislos.

„Außer nein, nein und nochmals nein, hat sie mir nichts verraten", gab Sabines Vater zur Antwort und sah Michael von der Seite an.

„Warst du gestern etwa nicht nett zu ihr beim Rotweintrinken auf dem Balkon?", wandte sich Hilde an ihren Sohn.

Aha, dachte Werner, *Michael hat schon geplaudert, sehr gut.*

„Da war alles in Ordnung, wir haben uns gut über unsere Berufe unterhalten."

„Das ist doch ein Anfang, Junge", freute sich Werner.

„Was für ein Anfang?", hakte Michael nach.

Werner sprang auf. „Ich gehe mir mal ein Bier holen, das dauert ja ewig heute, bis hier mal jemand kommt. Wollt Ihr auch noch was?"

Hilde deutete auf die noch fast vollen Cocktailgläser und schüttelte mit dem Kopf. Dann begann sie im Ausflugsprogramm des nächsten Tages intensiv zu lesen. „Was machen wir denn nun morgen auf Mykonos?"

Werner kehrte nach nur wenigen Minuten zurück. Neben einem Glas Bier hatte er auch ein Glas gefüllt mit Grappa in der Hand. „Sabine sieht es ja nicht", freute er sich. „Du Hilde, der ist schon wieder kalt."

Hilde kicherte wie ein junges Mädchen und so langsam begann Michael zu fühlen, dass hier wirklich irgendetwas nicht stimmte. Er kam zu dem Schluss, dass er dringend mit Sabine sprechen musste und zwar allein.

„Also entweder die Bootstour nach Delos oder wir machen den Ausflug mit dem Guide, bei dem man angeblich das wahre Mykonos entdeckt", schlug Michael vor. "Entscheide dich, Mama, ich gehe dann gleich zum Ausflugsschalter und buche es. Der hat noch bis 12 Uhr geöffnet."

"Dann das wahre Mykonos. Boot habe ich ja heute hier den ganzen Tag", entschied seine Mutter.

Nun kicherte Werner albern und begann das Lied aus seinem Lieblingsfilm zu singen: "Drei Mann in einem Boot."

Michael stand auf und verließ den Tisch.

Zwei Decks höher, auf dem Jogging-Parcours, beobachtete Sabine sehr genau die Szenerie. Natürlich hatte sie gesehen, dass Papa unerlaubterweise schon wieder Schnaps trank. Das musste jetzt wirklich mal aufhören, sonst würde sein Arzt bei der nächsten Routinekontrolle die Hände über dem Kopf zusammenschlagen. Sie hatte auf Deck 8 schon fünf Jogging-Runden hinter sich und war ein wenig außer Atem. Kein Wunder, Sabine war schließlich aus der Übung, denn mit dem regelmäßigen Joggen hatte sie damals nach Michaels Auszug sofort aufgehört. Es war ihr Morgenritual gewesen, wenn beide zu Hause waren. Sie sah, dass Michael den Tisch verließ. Das war die Gelegenheit, ihn allein zu sprechen. Aber wohin ging er? Vielleicht auf die Kabine? Eilig lief sie wieder los, rannte ein Deck tiefer und klopfte an seiner Suite. Er öffnete nicht. Während sie noch überlegte, wohin er entschwunden sein könnte, sah sie ihn im Flur plötzlich um die Ecke biegen. Sabine strahlte ihn an: "Gut, dass ich dich treffe!"

"Guten Mittag", wünschte er freundlich, "also so eine Begrüßung hatte ich nach gestern Nacht nicht erwartet."

"Ey", sagte sie und boxte ihm spielerisch in die Seite. "Das ist doch geklärt."

"Na, klar!"

"Ich muss dir dringend was unter vier Augen erzählen", flüsterte sie plötzlich.

"Wir gehen in meine Kabine", schlug er vor.

„Nein", rief Sabine aus, „Mama und Papa dürfen nicht wissen, dass wir uns allein unterhalten haben. Komm, wir gehen hinauf nach Deck 8 auf das Sportdeck. Von dort oben habe ich euch eben auch beobachtet und da haben wir unsere Eltern im Blick."

„Na, wenn das nötig ist", meinte Michael und trottete hinter ihr her. Der schwarze Sportdress ließ sie so unheimlich sexy aussehen und er verspürte auch eine gewisse Anziehungskraft, so wie gestern beim Sonnenuntergang. Er hatte danach die halbe Nacht wach gelegen und sich gefragt, warum es bei ihm nicht gefunkt hatte. Es hatte sich angefühlt, als ob er seine Schwester geküsst hätte. Sabine war so eine tolle Frau, aber sie war eben nicht Olga, nach der er sich so unwahrscheinlich sehnte, die aber vermutlich nie seinem Wunsch nach einer festen Verbindung nachkommen würde. Auf Deck 8 angekommen nahmen sie wieder Sabines Beobachtungsposten ein. Hilde und Werner saßen noch auf ihren Plätzen und verfolgten die Vorstellung der Offiziere auf der Bühne, die der Kapitän höchstpersönlich vornahm. Eine Weile schauten auch Sabine und Michael zu. Der Chefkoch bekam schon am dritten Tag tosenden Applaus bei seinem Auftritt.

„Ich darf noch in dieser Woche zu ihm in die Küche und für den Gala-Abend gemeinsam mit ihm etwas zubereiten", freute sich Michael.

„Von einem Sternekoch kann er sicher was lernen", fand Sabine.

Michael wand sich ein wenig. „Ach, dieser Stern, der ist mir nicht so wichtig. Mama kennt den Chefkoch von der Weltreise und hat mich ihm förmlich aufgezwungen."

Sabine fand, dass dies ein gutes Stichwort war. „Sie hat es eben arrangiert, so wie sie und Papa uns als Paar auf dieser Reise arrangieren wollen!"

Dann erzählte sie ihm alles, was sie gestern Abend in der Suite belauscht hatte.

Michael sah sie nun ehrlich überrascht an. „Die kannten sich also wirklich schon so lange vor der Reise und haben gemeinsam den Plan geschmiedet, uns hier zu verkuppeln?"

„Richtig", bestätigte Sabine und nickte zur Bestätigung mit dem Kopf.

Dann lachte er plötzlich und meinte: „Klingt wie so eine typische Traumschiff-Folge zu Weihnachten, findest du nicht?"

„Irgendwie schon", sagte sie und strich sich durch die kurzen, blonden Haare, „aber das Happy End am letzten Abend wird auszubleiben. Ich mag dich, du bist sexy, gutaussehend und intelligent. Man kann Spaß mit dir haben und du bist bestimmt treu. Dennoch, ich, weißt du, ich habe gestern bei unserem Kuss nichts gefühlt. So gar nichts. Na ja und dann hast du ja auch noch diese komplizierte Beziehung, irgendwie."

„Komm mal mit", er bugsierte sie in den nächsten Liegestuhl und zog einen weiteren Stuhl für sich selbst hinzu. „Mir ging es ganz genauso."

Nun lachte Sabine und plötzlich drückten sie sich spontan und ahnten, dass sie jeweils einen Freund auf dieser Reise gefunden hatten. Ein Kellner nahte mit seinem Tablett. Michael bestellte zwei Campari Orange auf Eis. „Den haben wir uns jetzt verdient", fand er. Dann erzählte er ihr von Olga. Er hatte damals schon mit 21 Jahren geheiratet, aber die Ehe hielt nicht lange. Sie waren einfach zu unterschiedlich gewesen nach der ersten Verliebtheit. Dann suchte er und suchte, doch sein gutes Aussehen bescherte ihm meist nur Beziehungen von kurzer Dauer. Olga hatte er vor zehn Jahren an Bord eines Kreuzfahrtschiffes kennengelernt. Sie arbeitete als Bordfotografin, er war normaler Passagier. Bei ihm war es Liebe auf den ersten Blick gewesen. Er stieg in

Bremerhaven aus dem Bus und sie stand vor dem Schiff mit ihrer Fotoausrüstung. Bei ihm hatte es schon vor dem ersten Wortwechsel gefunkt. „Es war magisch, weißt du", sagte Michael. „Ist dir sowas auch schon mal passiert?"

Sie verneinte.

„Schade, vielleicht bist du einfach zu kontrolliert, lass dich doch mal treiben. Wenn du mal ein wenig Spaß haben willst im Urlaub, Arsenio findet dich ganz toll und wäre bestimmt nicht abgeneigt."

„Ach, der", meinte Sabine abwinkend. „Hat er dir das gesagt?"

„Er hat mich heute Morgen gefragt, ob mit uns was geht. Ich habe gesagt, dass wir Freunde sind."

„Gut so", fand Sabine.

Dann berichtete er weiter von der Reise mit Olga und wie sie tatsächlich ein Paar wurden. Er schwärmte in den höchsten Tönen bis zum letzten Reisetag. Da hatte sie ihm gesagt, dass sie sich aufgrund ihres Berufes nicht fest binden möchte. Sie war meist ein halbes Jahr an Bord, dann hatte sie zwei Monate frei, bevor es wieder losging. Zuerst kam er damit klar. Sie kam ihn häufig in Berlin besuchen und sie verbrachten unheimlich schöne Zeiten miteinander. Doch von Jahr zu Jahr litt er mehr unter den ständigen Trennungen. Vor einem Jahr hatte er ihr einen Heiratsantrag gemacht. Er hatte Olga angeboten, ein Fotostudio in Berlin für sie einzurichten. Sie hatte beides abgelehnt.

„Schade", fand dieses Mal Sabine.

„Sie ist mit dem Meer verheiratet, aber ich kann meine Gefühle nicht abstellen. Wenn ich sie sehe, dann gibt es nur sie", gestand Michael.

Ihre Gläser waren leer. Inzwischen schallte laute Musik zu ihnen hinauf vom Pool-Deck. Sabine erkannte ein Lied von

Abba. Sie stand auf und trat neugierig an die Reling. „Micha, das musst du sehen, komm her!"

Er erhob sich ebenfalls und stellte sich neben sie. Er nahm sie in den Arm und gab ihr einen Kuss auf die Wange. Über Olga zu sprechen, fiel ihm immer schwer. Sie verstand und drückte ihn ebenfalls. Auf der Bühne tanzten die Animateure inzwischen ausgelassen mit den Gästen. Mittendrin Werner und Hilde! Sie tanzten ausgelassen und verrückt zu den Klängen des Liedes „Mamma Mia":

> *I been cheated by you since I don't know when*
> *So I made up my mind, it must come to an end*
> *Look at me now, will I ever learn?*
> *I don't know how but I suddenly lose control*
> *There's a fire within my soul*
> *Just one look and I can hear a bell ring*
> *One more look and I forget everything, oohhh*
>
> *Mamma mia, here I go again*
> *My my, how can I resist you?*
> *Mamma mia, does it show again*
> *My my, just how much I've missed you?*

Als der letzte Klang des Liedes endete, warf sich Werner vor Hilde auf die Knie und hob die Hände in die Luft. Die Animateure der Sea Princess applaudierten begeistert und die anderen Tänzer gleich mit.

„Als ob sie ihr ganzes Leben miteinander getanzt hätten", seufzte Sabine und ihre Gedanken wanderten zu ihrer Mutter.

Auch Michael dachte an seinen Vater. „Deine Mama und mein Papa sehen bestimmt aus dem Himmel zu und freuen sich, dass die beiden Spaß haben."

Sabine sah hinauf in den blauen Himmel, der fast wolkenlos war. „Da", sie deutete auf eine große, runde Wolke, „schau mal, die sieht aus wie ein Smiley."

„Siehst du, das ist schon die Antwort", freute sich Michael.

Sie schauten wieder auf das Pool-Deck. Inzwischen hatten Hilde und Werner sie entdeckt und winkten aus Leibeskräften.

„Gehen wir jetzt runter und falten sie zusammen?", fragte Sabine Michael.

„Nein", antwortete er bestimmt, „wir machen das jetzt ganz anders. Wir behalten unser kleines Geheimnis für uns und drehen einfach den Spieß um."

„Was meinst du damit?"

„Wir verkuppeln sie anstatt sie uns und du bekommst mit dieser Reise einen großen Bruder und guten Freund in allen Lebenslagen."

Sabine lachte. „Das klappt niemals, Mama hat den Heiligenstatus bei Papa."

„Und Papa bei Mama auch, aber lass mich mal machen. Du musst jetzt nur genau das tun, was ich sage und ein paar Regeln befolgen. Meinst du, dass du das hinbekommst?"

„Ich bemühe mich", war ihre Antwort und sie zwinkerte ihm zu.

„Ich kann nicht mehr", japste Hilde und ließ sich erschöpft auf einen Stuhl fallen.

Werner zog ein Taschentuch hervor und tupfte sich den Schweiß von der Stirn. „Aber, wir waren klasse."

„Das waren wir", bestätigte sie lachend. „Sabine scheint ja doch aufgestanden zusein."

„Ja, so ist meine Tochter, immer schnell auf der Palme und genauso schnell wieder runter!"

„Hast du gesehen, Michael hat sie umarmt und ihr einen Kuss auf die Wange gegeben. Nun geht es endlich in die richtige Richtung", freute sich Hilde.

„Was du alles siehst, wenn du mit mir tanzt", scherzte Werner galant.

„Du, ich bin eine Frau und multitaskingfähig", warnte sie ihn und hob warnend den Zeigefinger. „Und jetzt habe ich Hunger, es riecht so lecker vom Grill."

Dann eilten sie zu der aufgebauten Buffetstation. Auf einem der großen Grills brutzelten saftige Steaks und Würstchen, aber auch ein paar Maiskolben. Auf dem anderen war Fisch angesagt: Scampi, aber auch Fischfilets konnte Werner erblicken. Grill Nummer drei war für die vegetarischen Freunde reserviert: Champignons, Auberginen und Paprika brutzelten in Öl auf dem Grill neben benachbarten Knoblauchzehen. Hilde und Werner bedienten sich reichlich, auch an den zahlreichen frischen Salaten, Soßen und dem Weißbrot. Sie suchten sich einen freien Tisch und Werner bestellte bei dem Kellner zwei Bier. Eine Weile kauten sie schweigend und genossen das Essen.

„Hast du die kleinen Gläser gesehen, in denen der Nachtisch gereicht wird?", wollte Werner wissen. „Die sehen so lecker aus."

„Warte mal, wenn heute Abend das sensationelle Schokoladen-Buffet serviert wirst, dann fällst du um", wusste Hilde.

„Na, hoffentlich nicht!"

Beide lachten laut auf.

Hilde legte ihre Hand auf Werners. „Es wird wunderbar werden, wenn wir erst eine richtige Familie sind. Wie schade, dass es vermutlich keine Nachkommen geben wird. Wir beide als Oma und Opa! Wir wären unschlagbar!"

„Sprich bloß nicht das Thema Kinder bei Sabine auch nur irgendwie an. Ihr Ex-Mann ist gestern gerade erst Vater geworden und sie kommt damit nicht zurecht. Irgendwie wollte sie nie Kinder. Ich weiß nicht warum. Selbst meiner Frau gegenüber hat sie sich dazu nie geöffnet."

„Bestimmt hat es einen Grund", meinte Hilde und nahm einen kräftigen Schluck von ihrem Bier. „Jede Frau will doch irgendwie Kinder!"

„An Michael dem Ersten lag es dann wohl nicht", mutmaßte Werner. „Sabine ist da so in ihrer Business-Welt gefangen, hoffentlich bereut sie es nicht mal im Alter."

„Michael der Erste, du bist so witzig, Werner, aber das habe ich gleich an Bord der Freya gemerkt und deshalb habe ich auch deine Nähe gesucht."

In diesem Moment trat völlig überraschend Michael an ihren Tisch. Die letzten Worte seiner Mutter hatte er aufgeschnappt, ließ sich das aber nicht anmerken.

„Ach, hier seid Ihr. Sabine und ich lassen das Mittagessen mal ausfallen, aber ich wollte fragen, ob wir Vier heute Abend zusammen in dem italienischen Spezialitätenrestaurant essen wollen?"

„Wenn Mylady das gefällt?", meinte Werner und wischte sich mit der Serviette über den Mund.

„Ja, ja", kam Michaels sehr schnelle Antwort, „sie würde das schön finden."

„Dann reserviere doch gleich." Hilde schaute Werner an. „19 Uhr?"

„Prima", fand er.

Michael drehte direkt wieder ab. Er ging zur Rezeption auf Deck 3 und freute sich, dass er noch einen Tisch am Fenster bekam. Dann fuhr er mit dem Fahrstuhl wieder hinauf nach Deck 7 und klopfte bei Sabine. Sie öffnete und er folgte ihr auf den Balkon. „Arbeitest du gar nicht?"

„Ich hatte keine Lust, den Laptop anzuschalten", lachte sie. „Ich schaue die ganze Zeit nur auf das Meer. Dieses

Türkis, ein leichtes Wellengeflüster, ich möchte gar nicht wissen, was gerade in Berlin los ist."

„Du machst endlich Urlaub", freute er sich und legte wie selbstverständlich ihre Beine auf seine.

„Wie lief es denn mit Papa und Mama?"

Er berichtete, dass für das Abendessen alles bestens organisiert sei. Sabine freute sich.

„Wer ist eigentlich Freya?", wollte Michael dann wissen.

„Das ist ein Schiff. So ein altes. Papa ist da in einer Art Fanklub und fährt einmal im Jahr mit ihr eine Tour durch den Nord-Ostsee-Kanal."

„Da haben sie sich kennengelernt." Michael setzte sanft Sabines Beine von seinem Schoß und tigerte über das Deck hin und her. „Ich konnte, bevor sie mich beim Essen bemerkt haben, einen Gesprächsfetzen auffangen und da ging es um ihr Kennenlernen, was offensichtlich an Bord der Freya stattfand."

„Dann kennen sie sich schon seit fast einem Jahr. Die Touren sind, glaube ich, immer im Juli", resümierte Sabine. „Und sie haben uns das nicht gesagt!" Mühsam kramte sie in ihren Gedanken. Im letzten Sommer war sie mit Micha im Urlaub in Andalusien gewesen. Ihr letzter gemeinsamer Urlaub. Sie konnte sich beim besten Willen nicht darin erinnern, ob Papa nach ihrer Rückkehr irgendetwas über die jährliche Bootstour gesagt hatte. Vielleicht hatte sie ihm beim wöchentlichen Telefonat am Sonntag auch einfach nicht zugehört. Viel zu oft checkte sie nebenbei Mails oder machte irgendetwas anderes. Diese Erkenntnis traf sie erst jetzt, mitten auf der Adria, und sie nahm sich wirklich vor, ihm künftig besser zuzuhören.

Michael wanderte weiter hin und her. „Ich erinnere mich noch an das Gespräch mit Mama nach dieser Bootstour. Sie war so gut gelaunt wie lange nicht. Von einer Herrenbekanntschaft hat sie mir aber nicht berichtet. Nur von den wunderbaren Leuten an Bord, der Crew, dem Kapitän, den sie schon lange kannte."

„Sie haben sich danach sicher mehrfach wiedergesehen", mutmaßte Sabine. „Und dann entstand der Plan, uns zu verkuppeln."

„So muss es gewesen sein."

Plötzlich hörten sie die Karte im Schloss der Suite. Jemand kam herein. Beide warfen sie sich auf die Liegen und taten, als ob sie schliefen. Zur Sicherheit ergriff Michael schnell noch Sabines Hand. Doch zu ihrer Enttäuschung war es nur Harry, der seinen frühen Nachmittags-Check der Kabine vornahm. Er räumte ein wenig in der Suite auf und als er die Zwei auf dem Balkon schlafend und händchenhaltend entdeckte, entfernte er sich wieder. Da wollte er nicht stören, denn Diskretion war oberstes Gebot an Bord.

Kaum hatte er die Kabine wieder verlassen, öffneten beide die Augen.

„Mist", brummelte Michael und richtete sich auf.

„Hast du eine Ahnung, wo unsere Eltern seit dem Mittagessen sind?", fragte Sabine.

„Vielleicht liegen die auf irgendwelchen Sonnenliegen an Deck", mutmaßte Michael. „Heute Abend beim Essen ist es wichtig, dass wir ihnen erklären, dass der gebuchte Ausflug morgen anders stattfindet. Wir wollen Zeit verbringen, deshalb springt dein Vater für mich ein und sie machen den geführten Ausflug *Das wahre Mykonos* zusammen und wir gehen auf eigene Faust!"

„Okay", stimmte Sabine zu. „Vielleicht können wir dann ein wenig später los, denn ich muss wirklich erst mal mindestens zwei Stunden meine Mails checken und arbeiten. Morgen liegen wir ja im Hafen, da sollte ich eine Internetverbindung haben."

„Kein Thema", strahlte er, „vielleicht kann ich dann Olga mal erreichen, wenn Mama an Land ist."

Der Abend zu viert in dem italienischen Spezialitätenrestaurant verlief erstaunlich harmonisch. Speziell Werner wunderte sich über die gute Laune seiner Tochter. Sabine trug ein schickes, schwarzes und enges Etui-Kleid, das einen hervorragenden Kontrast zu ihren blonden Haaren bot. Darüber hatte sie geschickt einen Schal mit Leopardenmuster drapiert. Als Vorspeise genossen sie frische Antipasti-Variationen mit Focaccia, einem italienischen Weißbrot, das mit Öl, Kräutern und Salz gebacken worden war. Auch die Gespräche am Tisch waren entspannt. Michael erzählte launig Anekdoten aus der Küche des berühmten Adlon und Sabine plauderte passend dazu über Erlebnisse in der Eventbranche der letzten zwanzig Jahre.

„Dass ihr euch da nie getroffen habt", staunte Hilde. „Ihr kennt doch auch teilweise die gleichen Leute."

Sabine nickte.

„Dazu ist eben diese Reise gut", freute sich Werner und ließ sich gern von dem aufmerksamen Kellner ein weiteres Glas Pinot Grigio nachschenken.

„Eigentlich begann es ja im Flieger", meinte Michael, „als ich Sabine in die Hacken trat."

„Klar, wenn die Holzklasse drängelt, dann ist das so", war ihre Antwort.

„Du, ich habe gar nicht in der Holzklasse gesessen, sondern direkt hinter dir. Du warst nur eben den ganzen Flug mit deiner Arbeit beschäftigt."

„Ach ja", wunderte sie sich, „ich habe dich gar nicht bemerkt."

Werner und Hilde zwinkerten sich zu und strahlten um die Wette. Als Zwischengang wurde ein Zitronensorbet serviert und Michael bedeutete dem Kellner, ruhig großzügig nachzuschenken. Er wartete mit ihren Neuigkeiten bis nach dem Hauptgang. Sie alle hatten sich für das Saltimbocca alla Romana mit Schinken und Salbei entschieden. Dazu wurden Nudeln gereicht. Werner und Hilde waren inzwischen auf einen schweren, italienischen Rotwein umgestiegen, während Michael und Sabine unbemerkt fast nur Wasser tranken.

„War das lecker", fand Werner und lehnte sich schließlich behaglich in einem Stuhl zurück. „Also, mein liebes Kind, deine Mutter konnte perfekt kochen, aber so gut habe ich ein Kalbschnitzel noch nie gegessen."

Das liebe Kind lächelte und sah Michael an.

„Das ist echt großes Kino", beteuerte auch Michael, dann griff er nach Sabines Hand. „Wir müssen euch was sagen."

Sabines Vater lehnte sich interessiert vor, nicht ohne unter dem Tisch Hilde sanft mit dem Fuß anzustoßen.

Sie faltete sorgsam ihre Serviette zusammen. Genau zu dem Zeitpunkt trat der Kellner mit der Speisekarte für die Dessertauswahl an den Tisch. Hilde scheuchte ihn mit einer Handbewegung fort. „Wir sind gespannt", meinte sie.

„Also, Mama, es geht um den gebuchten Ausflug morgen auf Mykonos. Sabine und ich würden gern den Tag zusammen an Land allein verbringen. Ich war ja schon ein paar Mal auf der Insel und Sabine noch nie. Ich möchte ihr Mykonos-Stadt ein wenig abseits der Touristenpfade zeigen."

Hilde schaute ein wenig beleidigt drein. „Soll ich da jetzt allein den Ausflug machen? Der ist doch längst für zwei Personen bezahlt!" Man merkte ihr deutlich an, dass dieser Plan für sie nicht infrage kam.

„Ich kann doch für dich einspringen, Michael? Das können wir doch unter uns regeln", schlug Werner vor und strahlte Hilde an.

„Das würde mir gefallen", freute sich Michaels Mutter. „Ich war nämlich noch nie auf Mykonos."

„Ich auch nicht", bestätigte Werner.

Sie stießen an und Hilde begann, nach dem Kellner zu winken. Nun hatte sie doch noch Appetit auf ein kleines

Dessert. Michael gab Sabine ein Küsschen auf die Wange. Die Sache war schon mal geritzt. Nach dem Dinner erhoben sie sich und standen alle vier ratlos vor der Tür des Restaurants.

„Was machen wir jetzt noch heute Abend?", fragte Sabine.

„Das Schokoladenbuffet", riefen Hilde und Werner im Chor. „Es startet gleich."

„Also ich möchte nichts mehr essen", schüttelte Sabine über die Zwei den Kopf.

„Es ist ein echtes Reise-Highlight", versuchte Hilde sie zu überreden.

„Ich auch nicht", gab Michael zu. „Sabine und ich gehen vielleicht ein wenig an Deck spazieren, ja?"

Sabine sehnte sich zwar eher nach ihrem Laptop, aber, um den Schein zu wahren, grinste sie Michael an und meinte: „Perfekt!" So trennten sich die Wege der Eltern und der Kinder an dieser Stelle.

Michael und Sabine begaben sich tatsächlich auf das Pool-Deck. Es war fast menschenleer und wieder ging die Sonne in wunderbaren violetten Tönen unter. Doch dieses Mal küssten sie sich nicht. Sabine gähnte, sie war irgendwie müde.

„Klappt ja alles."

„Ich denke auch, das geht jetzt in die richtige Richtung", stimmte Michael ihr zu.

Sie schwiegen eine Weile.

„Kannst du dir Mama als neue Mutter vorstellen?"

Sabine überlegte kurz. „Nein, sie kann meine Mutter für mich nie ersetzen, aber sie kann eine gute Freundin werden mit der Zeit, da bin ich mir sicher. Für Papa wäre es bestimmt wundervoll, nicht mehr allein zu sein."

Michael nickte zustimmend. „Ja, so geht es mir mit deinem Papa auch. Er ist so ganz anders, als mein Vater war.

Ich meine jetzt nicht nur vom Berufsstand, also Fischer und Unternehmer. Mein Vater war nie wirklich lustig. Er hat immer nur gearbeitet, als Sohn lief ich so nebenbei. Dein Vater bringt einen Knaller nach dem nächsten und ist so erfrischend lebenbejahend."

„Das ist er, aber manchmal kann das auch echt peinlich sein und nerven, glaube mir."

Dann erzählte sie ihm von der ersten Begegnung heute am Morgen, bei der ihr Papa Harry mit Champagner abgefüllt hatte. Michael lachte aus vollem Herzen los und drückte Sabine. Eine Weile schauten sie wortlos auf das Meer.

Warum zum Teufel kann ich mich nicht in ihn verlieben, dachte sie. *Er hat alles, was sich eine Frau in meinem Alter wünschen würde. Scheiß Gefühle!*

Sie ist eine echte Traumfrau auf den zweiten Blick, dachte Michael genau in dieser Sekunde. *Aber ich fühle nur Freundschaft, wenn ich so hier mit ihr stehe.*

Ganze vier Decks tiefer bestaunten Hilde und Werner intensiv das Schokoladenbuffet. In der Küche hatte die Abteilung Patisserie wirklich alles gegeben und neben zahlreichen Pralinen auch kleine Kunstwerke kreiert. Im Zentrum des Buffets thronte der Markusplatz aus Schokolade! Neben dem Dogenpalast und dem Campanile waren sogar kleine Gondeln geformt worden. Werner war begeistert und machte mit seinem Smartphone ein paar Aufnahmen. Dabei kam er mit einer älteren Dame ins Gespräch, die ihn sogleich an ihren Tisch einlud.

„Ich bin schon vergeben", entschuldigte er sich und zeigte lächelnd auf Hilde.

„Wie schade! Endlich mal ein Mann nach meinem Geschmack und dann hat er schon eine Begleitung", zog die Frau einen Flunsch.

Hilde und er suchten sich einen freien Tisch, nachdem sie reichlich Schokolade aufgeladen hatten.

„Die hat mich gerade angebaggert", lachte Werner und spießte mit seiner Gabel eine Praline auf, die das Logo der Reederei zierte.

„Ich habe es gehört", meinte Hilde. „Das war noch harmlos! Was meinst du, wie es auf der Weltreise abging, die ich auf diesem Schiff mitgemacht habe. Vor allem bei den wenigen Passagierwechseln in den Häfen. Da wurde morgens schon nach Frischfleisch Ausschau gehalten."

„In unserem Alter?" Werner staunte nicht schlecht.

„Bei allen Altersgruppen", wusste Hilde zu berichten.

„Hast du da auch einen Freund gehabt?", fragte Werner ehrlich interessiert nach.

„Nein, die Reise war ein halbes Jahr nach Pauls Tod. Da habe ich im Grunde noch getrauert. Wenn ich Lust hatte, am Abend mal zu tanzen, dann war Arsenio da. Das hat völlig ausgereicht." Sie rutschte ein wenig verlegen wie ein kleines Mädchen auf ihrem Stuhl herum. „Seit Paul gab es keinen anderen Mann mehr für mich, weißt du."

„Ich bin meiner verstorbenen Frau auch bis heute treu geblieben", gab Werner schließlich zu. „Aber, das soll ja jetzt anders werden."

Irritiert schaute Hilde ihn an. „Wieso?"

„Unsere Kinder wollen uns verkuppeln, glaube mir. Die haben das irgendwie gecheckt, dass das unser Plan mit ihnen ist. So wie heute beim Abendessen habe ich Sabine noch nie erlebt. Die war ja zahm wie ein Lamm. Da stimmt was nicht."

Hildes Augen weiteten sich. „Du meinst, die sind gar nicht verliebt und wollen Hand in Hand durch Mykonos-Stadt schlendern? Sich vielleicht an einem der romantischen Strände küssen und am Ende der Reise das Schiff als Paar verlassen?"

„Richtig, die wollen den Spieß umdrehen. Ich habe zwar Sabine lange nicht mehr verliebt gesehen, aber so weit ich mich erinnern kann, war sie da anders."

„Nun, sie ist ja jetzt auch älter", warf Hilde ein.

Sabines Vater schüttelte mit dem Kopf. „Die ist kein Stück in deinen Michael verliebt, wobei er ein Prachtjunge ist. Ich würde mich über ihn als Schwiegersohn unendlich freuen."

„Bei Michael weiß ich das gar nicht mehr, wie er ist, wenn er verliebt ist", gestand Hilde. „Das lief früher immer so alles nebenbei. Als Unternehmergattin hatte ich permanent mit Empfängen und Gästen aus dem Ausland zu tun. Wenn er ab und an mit dieser Olga auftauchte, dann hat mir das schon gereicht. Da habe ich gar nicht so genau auf ihn geschaut. Also, wie er war und wie er geredet hat."

„Vielleicht ein Fehler", fand Werner.

Hilde stimmte zu. „Wenn du nicht merkst, dass dein eigener Junge verliebt oder nicht verliebt ist, was bist du dann für eine Mutter?"

Er nahm Hilde liebevoll in die Arme und drückte sie kurz. „Du bist in Ordnung so, wie du bist."

„Danke", ihr lief eine Träne die Wange hinunter. Werner zog das obligatorische Taschentuch hervor und tupfte sie weg. In ihm stieg ein Gefühl auf, dass er lange nicht mehr erlebt hatte und dass sich nun ganz ungewohnt anfühlte. Es kribbelte in seinem Bauch.

„Was machen wir denn jetzt?", wollte Hilde von ihm wissen.

„Nach der ganzen Esserei trinken wir jetzt einen Grappa an der Bar und morgen machen wir den Ausflug auf Mykonos und spielen das Spiel erst mal mit."

Hilde schaute ihm intensiv in die Augen. So einfühlsam und ernsthaft wie eben hatte sie ihn noch nie erlebt und diese neue Seite an Werner gefiel ihr ausgesprochen gut. Es waren genau die Eigenschaften, die sie an ihrem Mann zu Lebzeiten vermisst hatte.

„Komm", Werner half ihr auf und steuerte zielstrebig in Richtung Bar. Neben dem Völlegefühl hoffte er, dass der Grappa auch das Magenkribbeln beseitigen würde. Notfalls würde er eben zwei Gläser trinken und später noch einen Underberg auf der Kabine, natürlich nur zur Sicherheit!

Kapitel 4

MYKONOS BRINGT FRISCHEN WIND!

Am nächsten Morgen erwachte Sabine wieder sehr früh. Ihr Smartphone zeigte an, dass es gerade erst 7 Uhr morgens war. Sie stieg aus dem Bett und zog die Vorhänge zurück. Die Sonne war gerade aufgegangen und es schien wieder ein wunderbarer Sommertag zu werden. Sie sah, dass die Sea Princess entlang einer Küste fuhr und erkannte in einigem Abstand die Adia, die mit ihnen im Hafen von Venedig gelegen hatte und nun parallel fuhr. Sie wusch sich im Bad nur kurz das Gesicht und stylte mit ein wenig Haargel ihre praktische Kurzhaarfrisur. Nie wieder würde sie lange Haare tragen, da war sie sich ganz sicher. Als sie den Wohnraum der Suite betrat, stellte sie fest, dass Papas Schlafzimmertür noch geschlossen war. So leise wie es ging, bediente sie die Kaffeemaschine, die leider bei der Zubereitung ein wenig stampfende Geräusche machte. Sabine blickte zu Papas Tür, sie blieb aber geschlossen. Der Kaffee roch herrlich und Sabine öffnete die Balkontür. Michael stand bereits, ebenfalls mit einem Becher Kaffee, an der Reling des Nachbarbalkons, als ob er auf sie gewartet hätte. Vielleicht hatte er das sogar.

„Guten Morgen! Schau, da vorne ist schon Mykonos-Stadt zu sehen", freute er sich.

Sabine blickte in die gezeigte Richtung. Sie sah unendlich viele weiße Häuser, blaue Dächer und Berge, die sich hinter der Stadt erhoben.

„Oh, da sind ja auch die berühmten Windmühlen", meinte sie.

„Little Venice, ich zeige es dir nachher."

Dankbar lächelte sie Michael an. „Ist Mama schon wach?"

„Ja, im Bad."

„Und Papa?"

„Der schläft noch."

Michael nickte. Gemeinsam beobachteten sie, wie die Adia langsam hinter ihnen zurückblieb.

„Sie wird vermutlich zu groß sein für den kleinen Hafen und auf Reede liegen", mutmaßte Sabine und freute sich, dass ihr kleines Kreuzfahrtschiff direkt im Hafen anlegen würde.

„Ach, ihr Zwei seid schon wach", hörten sie die Stimme von Sabines Vater. Er trug noch seinen Pyjama, kam aber trotzdem an Deck. „Das ist ja toll, die Adia", rief er freudig aus und klatschte in die Hände. „Wir liegen heute zusammen! Vielleicht sehe ich die netten Mädels an Land wieder, denen wir in Venedig das Taxi besorgt haben."

Sabine schaute ihren Vater mehr als irritiert an. Michael bemerkte es und erklärte ihr, dass auf dem Schiff die drei Frauen ihren Urlaub verbrachten, die in Venedig falsch aus dem Bus gestiegen waren und denen er und Werner ein Taxi besorgt hatten.

„Die waren ja so lustig", fand Papa. „Wie hießen die noch, Michael? Rita und Ute und die dritte?"

„Rosi, glaube ich."

„Ach ja", Papa nahm ein Handtuch von der Ablage und begann wild in Richtung des Kreuzfahrtschiffes zu winken. Sabine nahm es ihm weg.

„Die werden begeistert sein, wenn sie dich in diesem Outfit sehen." Sanft schob sie ihn in Richtung Kabine.

„Du gehst jetzt ins Bad und dann frühstücken wir schnell am Buffet. Dein und Mamas, äh, Hildes Ausflug startet bereits um 9 Uhr."

Das war ein Argument, dem ihr Vater sich nicht verschließen konnte. Fröhlich pfeifend verschwand er im Inneren der Suite. Er wünschte sich gerade nichts sehnlicher, als dass seine Tochter mal etwas Verrücktes machen würde und nicht immer so beherrscht war.

„Michael, kommst du?", klang es aus der Nachbarkabine.

„Ich muss. Mama will im À-la-carte-Restaurant frühstücken." Zum Abschied gab er Sabine ein Küsschen auf die Wange. „Bis später."

Sabine holte ihr Smartphone auf den Balkon und machte es sich auf einer der gemütlichen Liegen bequem. Endlich hatte sie ein Netz. Vor nicht mal drei Minuten hatte Ralf ihr eine WhatsApp gesendet.

Na, wie geht's? Hat Papa dich schon zum Wahnsinn gebracht?

Sie sah, dass sein Status auf online stand und begann eine Unterhaltung.

Sabine: Ach Lieber, es geht so, es ist alles irgendwie ein wenig anders.

Ralf: War das nicht klar? Wie ist das Schiff? Ich habe mal das Wetter nachgesehen, ihr habt Glück, oder? Hast Du schon nette Leute kennengelernt?

Sabine: Ja, einen zweiten Michael und eine neue Mama! Michael kommt auch aus Berlin!

Ralf: Geht es Dir gut?

Sabine: Ja, also mit diesem Michael will Papa mich verkuppeln. Er kommt auch aus Berlin, aber er ist nicht mein Typ. Papa und seine Mutter kennen sich schon länger, verheimlichen das aber.

Ralf: Ich verstehe ehrlich gesagt kein Wort. ☺ ! Aber das Schiff ist toll?

Sabine: Ja, das ist sogar sehr toll! Die Suite ist traumhaft, wir haben einen eigenen Butler. Er heißt Harry und Papa nennt ihn immer Prinz Harry! Wir sind heute auf Mykonos.

Ralf: Typisch Papa! ☺ Ich weiß, ich verfolge ja Deine Route. Kommst Du denn gut mit Deiner Arbeit voran?

Sabine: Kein Stück, ist aber auch gerade nicht so wichtig. Ich logge mich nachher mal ein, ich hatte wenig Netz in den letzten Tagen, weißt Du.

Ralf: Bini? Du bist erst drei Tage weg und ich erkenne Dich kaum wieder. Die Arbeit ist nicht so wichtig?

Sabine: Ich mache nach dem Frühstück was, aber dann will Micha mir Mykonos-Stadt zeigen!

Ralf: Micha? Sag mal, hast Du Dich doch wieder verliebt?

Sabine: Nein!!!

Ralf: In der Villa ist alles in Ordnung. Ich komme gerade von dort. Die Post hält sich in Grenzen.

Sabine: Danke, Du, ich muss jetzt mit Papa zum Frühstück gehen. Wir schreiben wieder, ja?

Ralf: Lasst es Euch schmecken und grüß schön. Bis bald. Noch eine schöne Reise.

Sabine: ☺

Sabine legte das Smartphone auf den Tisch und dachte über den kurzen Chat nach. Dann ließ sie die letzten drei Tage für sich Revue passieren. Eigentlich war es nicht erstaunlich, dass Ralf kein Wort verstand, bei dem, was seit ihrer Abreise alles passiert war. Seine direkte Nachfrage, ob sie verliebt sei, beschäftigte Sabine. Ob er eifersüchtig war? Aber, sie waren doch nur Freunde.

Auch Ralf legte sein Telefon weg und trat voller Wucht gegen den Mülleimer, der daraufhin umkippte. Langsam verteilte sich der Unrat in der kompletten Küche.
Scheiße, dachte er, *verdammte Scheiße.*
Er war schon lange in Sabine verliebt. Eigentlich seit ihrer ersten Begegnung, doch da waren Michael und sie ein Paar und das hatte er immer akzeptiert. Dann kam die Trennung und in ihm keimte die Hoffnung auf, dass sie vielleicht nach einiger Zeit zueinander finden würden. So eine Sache mit tausendmal berührt von ihrer Seite her. Hatte er zu lange gewartet? Nun war wie aus dem Nichts ein zweiter Michael aufgetaucht und sie nannte ihn bereits Micha! Sie hatte gesagt, sie sei nicht verliebt, doch was zum Teufel hielt sie dann davon ab zu arbeiten? Papa wohl kaum. Er beschloss genau

jetzt sein Date für heute Abend abzusagen. Er würde noch einen Schritt weitergehen und den Vertrag kündigen. Das brachte alles nichts, denn die einzige Frau, die er wollte, war Sabine. Und genau diese ließ sich heute das romantische Mykonos von irgendeinem neuen Michael zeigen, der auch noch in Berlin wohnte. Da wäre ein späteres Wiedersehen nicht ausgeschlossen. Langsam begann er, den Müll einzusammeln und ärgerte sich über sich selbst und seine zurückhaltende Art.

Papa stand in der Balkontür. „Kommst du?"
„Ja!"
„Ist was passiert?", hakte er nach.
„Nein!"
„Was bin ich froh, dass ich heute den Tag mit Hilde verbringen kann und nicht dauernd diesen knappen Antworten ausgeliefert bin. Da kommt überhaupt keine Urlaubsstimmung auf", meckerte Papa und ging in großen Schritten voran. Auf dem Flur trafen sie Harry und Werners Stimmung änderte sich schlagartig. Freudig haute er ihm auf die Schulter und gab ihm nochmals genaue Instruktionen für die Hochseeangeltour später. Sabine grüßte nur kurz und ging an den beiden vorbei in Richtung Fahrstuhl.

Auch das Frühstück mit Papa war eher schweigend verlaufen. Dann war er sehr zeitig zu seinem Ausflug aufgebrochen und Sabine saß seitdem auf dem Balkon mit ihrem Smartphone und dem Laptop. Zunächst hatte sie alle Mails der letzten drei Tage gelesen. Annika hatte gute Arbeit geleistet. Wichtige Mails zu laufenden Projekten, zu denen sie Entscheidungen treffen musste, hatte sie mit einem roten Fähnchen gekennzeichnet. Andere Mails hatte sie bereits bearbeitet und Sabine konnte die Konversation nachlesen. Außerdem gab es darüber hinaus neue Auftragsanfragen. Die Lufthansa z. B. fragte eine Tagung mit über 1.000 Personen für das nächste Jahr in Berlin an. Das Geschäft lief. Beruhigt ging Sabine und griff zum Kabinentelefon. Sie bestellte bei Harry einen Latte macchiato mit extra viel Schaum. Der Kaffee zum Frühstück war zwar gut gewesen, dennoch liebte sie dieses Getränk, wenn sie arbeitete. Der Butler erschien nur kurze Zeit später und stellte auch ein Schälchen Kekse dazu.

„Miss Sabine, Sie arbeiten ja! Gehen Sie heute gar nicht raus? Mykonos soll zauberhaft sein."

„Ich gehe später", lächelte Sabine ihn an, blickte aber gleich wieder auf ihren Laptop.

Harry verstand und zog sich sofort zurück. Sabines Blick blieb an der letzten Mail von Annika hängen, die heute Morgen um 7 Uhr im eingegangen war:

Liebe Bini, so weit die neuesten Sachen. Ich denke, es läuft alles. In ein paar Dingen benötige ich Deine Entscheidung. Ist irgendetwas passiert? Du hast mich schon seit drei Tagen nicht angerufen? Aber, vielleicht machst Du ja auch mal Urlaub. Die Nachricht, dass Michael Vater geworden ist, hast Du bekommen? Auch dazu habe ich nichts von Dir gehört. Er hat übrigens gestern angerufen, aber ich habe ihm gesagt, dass Du im Urlaub bist. Wo und mit wem habe ich nicht gesagt, aber seine Stimme klang doch sehr verwundert. Wenn mich Deine Antworten erreichen, dann arbeite ich weiter an den Projekten, aber keine eilt sehr, wie Du vielleicht gesehen hast. Liebe Grüße, Annika

Sabine stand auf und ging ein paar Schritte über das Deck. Die Mails beförderten sie wieder zurück in die Wirklichkeit. Weshalb Micha wohl angerufen hatte? Er wollte ihr doch nicht wirklich brühwarm von seinem neuen Vaterglück berichten? Drei Tage hatte sie nicht mit Annika gesprochen oder kommuniziert. Das war tatsächlich noch nie vorgekommen, seitdem sie diese äußerst fähige Assistentin eingestellt hatte. Wenn Annika Urlaub hatte, dann ließ sie sie natürlich in Ruhe, aber ansonsten sprachen sie eigentlich täglich. Kein Wunder, dass sich ihre Assistentin sorgte. Bini trat an die Reling und sah eine Weile in den kleinen Hafen. Am liebsten wäre sie sofort an Land gegangen. Es sah alles so friedlich und schön aus. Die kleinen Fischerboote, sie konnte erste Tavernen erkennen. Sie ging dichter an Michaels Balkon und hörte, dass er im Innenraum der Suite anscheinend telefonierte.

Ach ja, Olga, dachte sie. Er hatte ja angedeutet, dass er versuchen wollte, seine Freundin zu erreichen. Sie lauschte angestrengt, doch sie konnte seine Worte nicht verstehen, aber seine Stimme klang sehr aufgeregt. Nun, er würde es ihr später sicherlich anvertrauen. Seufzend nahm sie wieder Platz und begann, ihre E-Mail-Korrespondenz mit Annika zu erledigen und notwendige Entscheidungen bezüglich der laufenden Projekte zu treffen. Zu den neuen Anfragen schrieb sie ihr nur, dass sie bitte Eingangsbestätigungen versenden möchte und dass die Geschäftsführerin sich im Urlaub befände und sich in der kommenden Woche persönlich dazu melden würde. Diese Antwort würde Annika sicher noch mehr verwundern, denn in der Vergangenheit hatte sie auch aus Urlauben sofort und persönlich den Kunden geantwortet, doch irgendwie fehlte ihr dazu momentan der Antrieb.

Als sie später mit Michael durch die kleinen Gässchen von Mykonos-Stadt lief, war sie wie verzaubert. Die Fußgängerzone, die vom Hafen in einen echten Wirrwarr an kleinen Wegen führte, bestand aus schwarzweißen Steinen. Die Häuser waren alle weiß und hatten blaue Türen und Dächer. Zahlreiche dünne Katzen streunten herum und kreuzten ihre Wege. In den Häusern waren viele Souvenirläden mit einerseits sehr kitschigen Sachen, aber Sabine fand auch sehr schönen Schmuck und spezielle Olivenöle. Sie kaufte sich eine einfache Kette mit einem Lederhalsband und einem blauen Stein und gleich zwei Flaschen Olivenöl zum Kochen. Eine davon wollte sie Ralf als kleines Geschenk mitbringen. Michael erstand ein T-Shirt mit dem Aufdruck der typischen Windmühlen.

„Ziehst du das in Berlin dann auch an?", fragte Sabine lachend. Er zuckte mit dem Schultern. „Ich weiß nicht, vielleicht nachts."

Sie erreichten schließlich das Viertel von Mykonos-Stadt, wo sich Bar an Bar reihte und sie vom Eingang schon sehen konnten, dass der Blick auf die Windmühlen fantastisch war. Obwohl es erst mittags war, öffneten die ersten Lokale gerade und in eine der Kneipen zog Michael Sabine hinein. Zielstrebig durchquerte er das Lokal und sie erreichten eine wunderschöne Terrasse, die eher einem Balkon glich. Sabine strahlte, von hier aus hatten sie einen tollen Ausblick. Sie hatten Little Venice erreicht. Die Bedienung erschien und Michael orderte zwei Ouzo. „Den brauche ich jetzt", entschuldigte er sich, als er Sabines fragenden Blick sah.

Anders als in Deutschland wurde der sonst sehr scharfe Ouzo mit Eiswürfeln und mit Wasser aufgegossen serviert. Sabine fand dies zur frühen Mittagszeit sehr angenehm. Sie stießen an. Die Kellnerin hatte sie eindeutig als Touristen eingruppiert und bediente die Musikanlage. Die ersten Klänge des berühmten Sirtaki erklangen. Sabine rollte mit den Augen. Dieses Klischee mochte sie gar nicht. Doch Michaels Wort lenkten sie ab.

„Morgen treffen wir Olga!"

„Wie, wir?" Sabine zog erstaunt die Augenbrauen hoch.

„Wir alle", war seine Antwort und er winkte der Bedienung und bestellte nochmals nach.

„Für mich bitte nur ein Glas Weißwein", wehrte sich Sabine gegen ein weiteres, hochprozentiges Getränk noch vor dem Mittagessen.

„Wir liegen morgen mit unserer Sea Princess im Hafen von Kotor. Olga hat die Reederei gewechselt. Sie arbeitet jetzt an Bord der *Dein Dampfer 2* und die liegt morgen mit uns in Montenegro."

Sabine betrachtete ihn eine Weile. Er schien sich darüber nicht zu freuen. Beide warteten sie, bis die Bedienung die neue Bestellung servierte und sich entfernt hatte.

„Freut dich das nicht?", fragte sie schließlich und lehnte sich in ihrem Stuhl zurück. Der Blick auf die Windmühlen war so faszinierend, dass Michaels Worte sie kaum erreichten.

„Du hörst mir gar nicht zu", maulte er schließlich.

„Entschuldigung."

Er begann erneut und erklärte, dass dies nun in keinem Fall zu ihren Plänen passen würde, nämlich Mama und Papa das neue Liebespaar vorzugaukeln, um letztendlich diese zu verkuppeln. Außerdem war er sauer, dass Olga ihm nicht früher von dem Reedereiwechsel berichtet hatte. Er wähnte sie auf der MS Hannover im Baltikum. Auf der anderen Seite hatte er es allerdings auch nicht für nötig befunden, sie über die Kreuzfahrt mit Mama zu unterrichten. Verzweifelt raufte er sich die Haare.

Sabine legte ihre Hand auf seine. „Das ist doch nicht schlimm, Papa und Mama müssen es doch gar nicht erfahren. Du sagst morgen früh, dass dir schlecht ist und ich mache welch blöden Ausflug auch immer mit den beiden. Dann hast du mit Olga freie Bahn und das Thema ist geritzt."

„Das würdest du tun?"

„Natürlich", versprach Sabine. „Am Abend trennen sich wieder die Wege der zwei Schiffe und unsere Eltern werden nichts bemerken. Da geht es dir dann eben wieder spontan besser."

„Dann lass uns das probieren", schlug Michael vor und schaute gleich wieder so fröhlich drein, wie Sabine ihn auch kennengelernt hatte. Er winkte der Bedienung und zahlte. Charmant wie er war, lud er Sabine natürlich ein. Wieder betrachtete sie ihn eingehend. Wieder horchte sie in sich hinein und analysierte ihre Gefühle für Michael. Nein, da war nichts, dennoch fühlte sie sich durch Olgas plötzliches Auftreten irgendwie gestört. Viel lieber hätte sie auch den Tag morgen mit Michael verbracht. Sie schalt sich selbstsüchtig und konzentrierte sich wieder auf ihn.

„Komm", er zog sie vom Stuhl hoch. „Wir gehen jetzt die besten griechischen Vorspeisen der Welt essen. Die gibt es in einem kleinen, noch traditionellen Lokal, das gleich hier um die Ecke ist."

Erst bei seinen Worten merkte Sabine, dass sie wirklich hungrig war. Beschwingt folgte sie ihm aus der Bar. „Wie heißt denn das Lokal?", wollte sie neugierig wissen, wie sie eben war.

Er zwinkerte ihr zu: „Opa Taverna."

„Prima", entfuhr es ihr, „lieber Opa als schon wieder Papa!"

Michael lachte sein lautes und melodisches Lachen.

Tatsächlich war das Lokal nur ein paar Straßen entfernt. Sabine sah eine große Außenterrasse, auf der noch einige Tische frei waren. Eine weiße Pergola war über ihr errichtet, die mit Efeu bewachsen war und wunderbar Schatten spendete. Die Tische und Stühle waren blau und somit in den Dächerfarben von Mykonos. Sie setzten sich und ein alter Mann, vermutlich Opa Taverna persönlich, kam aus dem Restaurant heraus. Michael bestellte eine Karaffe gekühlten Weißwein und die Vorspeisenplatte für zwei Personen mit reichlich Brot und Tsatsiki. Sabine ließ ihn gewähren. Sie stand zwar nicht so auf Knoblauch, aber sie waren in Griechenland und damit gehörte das vermutlich dazu. Dass sie heute noch jemand küssen würde, war sowieso äußerst unwahrscheinlich, wobei ihr Arsenio heute Morgen schon wieder schöne Augen gemacht hatte. Der Wein wurde sehr schnell serviert und sie tranken einen Schluck. Vorsichtshalber hatte Michael auch eine große Flasche Mineralwasser dazu geordert. Aus dem Inneren der Restaurants klang erneut griechische Musik. Es schien eine Gruppe dort drinnen zu sein, denn die fröhlichen Rufe waren bis nach draußen zu hören. Die Vorspeisenplatte wurde serviert und Michael hatte nicht übertrieben. Das Fladenbrot war frisch aus dem Ofen und neben diversen Leckereien wie Tsatsiki, Hummus, Schafskäsecreme gab es auch eingelegte Oliven, Peperoni, Auberginen und große Stücke Schafskäse. Die Zwei ließen es sich schmecken und jeder hing seinen eigenen Gedanken nach. Das fand Sabine überaus angenehm. So war es damals auch mit Micha gewesen. Doch plötzlich fragte sie sich, ob sie zum Ende mit ihm nicht zu viel gegenseitig geschwiegen hatte. Aber, hier und heute war es anders. Michael würde sicher ein guter Freund werden nach der Reise. Da war sie sich sicher. Auch, dass sie sich bestimmt wiedersehen würden. Schließlich wohnten sie nicht weit voneinander entfernt in Berlin. Satt und glücklich lehnten sie sich beide nach einer Weile in ihren Stühlen zurück.

„Das war echt spitze", freute sich Sabine.

„Habe ich dir doch versprochen. Ich gehe mal kurz zur Toilette und dann gehen wir zum Hafen. Wir mieten uns einen Skipper und lassen uns ein wenig auf das Meer rausfahren und zu einem der tollen Strände, ja?", schlug er vor.

Sabine nickte begeistert. „Diese Rechnung geht auf mich."

„Da widerspreche ich nicht", lachte Michael.

„Sag drinnen gleich Bescheid, dann erledige ich das, Michael."

„Okay!"

Einige Zeit später kam der Wirt und Sabine wunderte sich über die günstigen Preise. Sie gab deshalb ein großzügiges Trinkgeld. Nach nur kurzer Zeit kam er mit zwei Gläsern mit Ouzo zurück. Sabine schüttelte mit dem Kopf und wollte gerade ablehnen, als Michael aus der Tür des Restaurants wiederauftauchte. Er dankte dem Wirt und meinte zu ihr: „Doch, doch, den trinken wir jetzt, du wirst ihn nämlich brauchen, wenn du gleich mit mir ins Lokal gehst. Das glaubst du nicht, was da drinnen los ist."

„Dann auf ex", meinte sie und spülte die scharfe Flüssigkeit hinunter. *Nach dieser Kreuzfahrt trinke ich den Rest des Jahres keinen Alkohol mehr,* dachte sie, *das ist ja nicht zum Aushalten.*

Michael beförderte sie mit sanftem Druck ins Innere. Im Vorraum saßen ein paar Gäste, aber das schien es nicht zu sein, was er ihr zeigen wollte. Auf dem Weg zu den Toiletten kamen sie an einem separaten Raum vorbei, aus dem laute Musik dröhnte. Michael öffnete die Tür einen Spalt und sie konnten in den Gastraum blicken. Ungefähr 30 Personen befanden sich dort und soeben erklang der Sirtaki und es wurde wild getanzt. Mitten auf der Tanzfläche erspähte Sabine ihren Vater. Um ihn herum hatte sich ein Kreis von älteren Frauen gebildet, die begeistert in die Hände klatschten und ihn anfeuerten. Unter ihnen war auch Hilde. Papa schmiss die Beine abwechselnd im Takt der Musik nach links und rechts, wie ein junger, griechischer Gott.

„Ist der von allen guten Geistern verlassen? Es ist Mittagszeit! Ich möchte nicht wissen, wie viele Ouzo Papa schon intus hat", Sabine war ehrlich entsetzt und betrat den Raum, ohne dass Michael etwas tun konnte. Sie drängelte sich durch die Menge und zerrte ihren Vater von der Tanzfläche.

„Sabine", freute er sich, „wo kommst du denn her?"

„Michael, mein Engel, du bist ja auch da", jubilierte Hilde.

„Was macht ihr hier?", wollte Sabine wissen. Sie versuchte, an ihrem Vater zu schnuppern, doch da sie selbst Alkohol getrunken hatte, roch sie natürlich nichts.

„Na, das weißt du doch. Wir machen den Ausflug *das wahre Mykonos.* Gerade eben hatten wir hier einen Mittagsimbiss." Papa sah seine Tochter verwundert an.

„Richtig", echauffierte sich nun Hilde, „und nach dem Essen hat der Reiseleiter zu einem kleinen Tänzchen eingeladen. Was ist denn dabei? Dimitri spielt so herrlich auf seiner Bouzouki!" Dabei winkte sie dem Griechen herzlich zu.

„Draußen sind bald 40 Grad, ihr fallt ja um wie die Fliegen, wenn ihr wieder aus dem Laden kommt. Das ist unverantwortlich", rief Sabine, stampfte mit dem Fuß auf und warf böse Blicke in Richtung des vermeintlichen Dimitri! Dieser ließ sein Instrument sacken und plötzlich war es still im Raum.

„M-i-c-h-a-e-l", schallte es plötzlich durch den Raum. Eine der älteren Frauen aus dem Kreis eilte herbei und fiel Michael um den Hals. Eifrig bekam er Küsschen auf beide Wangen. Dieser wand sich verlegen. „Hallo, äh."

„Rita, ich bin doch die Rita! Rosi und Ute sind auch da", sagte sie und deutete auf die anderen Tänzerinnen. „Wir haben Werner hier wiedergetroffen, da wir doch den gleichen Ausflug gebucht haben. Wie zauberhaft!"

Sabine verstand nun gar nichts mehr. Wer waren jetzt diese Frauen und warum kannten sie Papa und Michael?

„Ihr setzt euch jetzt mal zu uns", ordnete Werner an und dirigierte Sabine an einen Tisch, auf dem mehrere leere Weinkaraffen und benutzte, leere Ouzogläser standen. Sie hatte also recht gehabt, ihr Vater hielt ein mittägliches

Gelage mitten in Mykonos-Stadt ab. Sie grüßte dennoch artig die Frauen, die sich nun auch am Tisch versammelten und wartete ab, obwohl es innerlich in ihr brodelte. Ihr Vater erklärte ihr, dass er den drei Damen mit Michael zusammen ein Taxi in Venedig im Hafen organisiert hatte, als sie schon im Terminal verschwunden war und dass er ihr das doch am Morgen schon erzählt hatte. Die Drei fuhren diese Woche mit der Adia und hier in der Taverne hatten die Ausflüge aller Schiffe ihre Mittagspause. Sabine entspannte sich ein wenig.

Hilde, die neben ihr am Tisch saß, legte die Hand auf ihren Arm. „So weit ist alles gut, aber du ahnst ja nicht, was auf der Adia vorgefallen ist. Kurz nach der Ausfahrt von Venedig ging ein Mann über Bord. So ein richtiger Promi. Es hieß, er sei freiwillig gesprungen. Aber man glaubte nicht daran und kreiste stundenlang in der Adria. Bedingt dadurch musste hier für unsere Reisebekanntschaften der Hafen von Bari entfallen. Ist das nicht schrecklich?"

„Wer war das denn?", wollte Michael, der nun neugierig geworden war, wissen. Gleichzeitig winkte er dem Kellner und bestellte sieben Gläser Weißwein nach.

„Sieben Gläser Wein, können uns nicht gefährlich sein", begann Papa albern den Text eines Liedes, und natürlich falsch, zu singen.

Sabine beugte sich vor. „Das würde mich jetzt auch mal interessieren." Insgeheim machte sie sich allerdings eher Sorgen, dass sie den Promi kannte und vielleicht für ein Event gebucht hatte, als alles andere.

„Das ist geheim, nicht mal die Medien wissen es bis jetzt", gab Rita zur Antwort.

„Ach, aber ihr?", in Sabines Stimme klang Spott mit.

„Wir wissen es natürlich. Wir sind nämlich darin geübt, in Fällen zu ermitteln. Erst letztes Jahr konnten wir einen echten Mordfall im Taunus lösen. Vor der Polizei übrigens.

Denen haben wir den Täter auf dem Silbertablett serviert", protzte die Frau weiter und sah sich Beifall heischend nach ihren Freundinnen um. Diese nickten.

„Und nun ermittelt ihr also auf der Adia", sagte Michael und konnte sich auch ein Grinsen nicht verkneifen.

„So ist es", bestätigte Ute, die andere Frau. „Wir wissen aus einer eindeutigen Quelle, dass der Mann nicht freiwillig gesprungen ist."

Sabine fand das alles eher albern. Ihr Interesse ließ deutlich nach und ihre Miene, drückte aus, dass sie diese Frauen, die sich anscheinend für Miss Marple hoch drei hielten, nicht für voll nahm. Im Gegenteil, sie fand diese von Papa als reizende Damen vorgestellten Frauen einfach unmöglich.

„Ihr habt aber nette Kinder", fand die Dritte im Bunde, die sich Rosi genannt hatte. Diese hatte Michaels und Sabines Reaktionen durchaus eingefangen und versuchte so geschickt einen Themenwechsel.

„Ja", riefen Werner und Hilde im Chor und strahlten.

„Habt ihr auch Kinder?", fragte Ute nun an Michael und Sabine gewandt.

„Nein, denn wir sind ja...", weiter kam sie nicht, denn Michael fiel ihr ins Wort. „Wir sind ja erst gerade ganz frisch verliebt, zweiter Anfang und so."

Sabine schloss den Mund, fast hätte sie sich verraten.

Rosi klatschte in die Hände. „Ach nein, wie schön, sag bloß, ihr habt euch erst an Bord kennengelernt."

Michael stimmte zu. „Eigentlich schon auf dem Flughafen."

„Wie romantisch!", fand Ute. Meinen Freund Kalli habe ich auch auf Kreuzfahrt kennengelernt, also das war damals auf ...", weiter kam auch sie nicht, denn ihre Freundin Rita fiel ihr ins Wort. „Na jedenfalls, was den Selbstmörder angeht, haben wir drei Tatverdächtige identifiziert und einen beschatten wir gerade, denn der ist mit uns auf diesem Ausflug."

Sabine blickte auf den großen Tisch und die vielen leeren Gläser. „Das sieht auch sehr nach einer Beschattung hier aus", dabei triefte die Ironie nur so aus ihrer Stimme.

Plötzlich erklang Dimitris Stimme. Die Gruppe 5 der Sea Princess wurde ausgerufen, sie müssten nun das Restaurant verlassen und weiter zum nächsten Programmpunkt. Die Besichtigung der Kirche Agios Nikolaos stand als nächstes Highlight auf dem Programm. Werner und Hilde erhoben sich und verabschiedeten sich überaus herzlich von ihren neuen Reisebekanntschaften. Sabine warf nur ein „Tschüss" in die Runde, nahm Michaels Hand und zerrte ihn aus der Taverna. Dann wartete sie.

„Ich will nur sichergehen, dass Papa nicht umfällt, wenn er hier auf die Nachmittagshitze trifft."

Doch da täuschte sie sich. Schnellen Schrittes eilte ihr Vater aus dem Lokal, interessanterweise mit Hilde an der Hand. Dimitri schob sich an ihm mit seinem Reiseleiterschild vorbei und stellte sich auf die Mitte des Platzes, um seine Schäfchen zu versammeln. Er zählte bereits eifrig durch.

„Wollt ihr mit in die Kirche? Da könnt ihr schon mal Maß nehmen", feixte Werner, was ihm erneut böse Blicke seiner Tochter einbrachte. „Ich heirate bestimmt nicht noch mal kirchlich."

„Seid Ihr schon so weit mit euren Plänen?", freute sich Hilde. „Werner, bald sind wir verwandt. Ein Tempo haben die jungen Leute heutzutage." Freudig sprang sie von einem auf das andere Bein. Dimitri winkte nun ungeduldiger und die Eltern gingen näher zu ihm auf den Platz.

„Ja, aber anders, als ihr denkt", sagte Michael leise und nur so, dass Sabine es hören konnte. Ihre Blicke trafen sich und Sabine konnte sich ein Grinsen nicht verkneifen.

Michael und Sabine schlenderten zurück zum Hafen. Schnell fanden sie einen Fischer, der sie mit einem kleinen Motorboot zu einem nur vom Wasser aus zu erreichendem Strand schipperte. Sie waren ganz allein. Beide hatten ihre Badesachen untergezogen und so sprangen sie jauchzend ins Wasser und schwammen einige Runden im Meer. Sabine tauchte sogar ein wenig und es kam ihr vor, als ob der ganze Staub der letzten Monate von ihr abgespült würde. Das Meer schimmerte wunderbar türkis in der Nachmittagssonne und sie sah sogar einige bunte Fische, die respektvoll Platz machten. Nach einer Weile tauchte sie wieder auf und sah sich nach Michael um, der bereits aus dem Wasser gegangen war. „Ich habe gar kein Handtuch", rief er.

„Nimm meins", antwortete sie ihm und taucht wieder unter. Irgendwann zog es auch sie zurück an den Strand und sie setzte sich zu Michael auf das Badelaken.

„War das schön", schwärmte sie. „Ich fühle mich wie neu geboren."

„Das tat wirklich gut", fand auch er und strich ihr einige Wassertropfen vom Bein. Eine Weile saßen sie schweigend da.

„Diese Frauen da von der Adia, also die spinnen ziemlich, oder?", eröffnete Sabine wieder das Gespräch.

„Ja, aber die sind doch irgendwie auch lustig", meinte Michael.

„Also ich bin froh, dass die nicht auf unserem Schiff sind. Das wäre mir ja viel zu anstrengend!"

„Ist es das nicht auch so schon?", wollte Michael wissen und boxte ihr liebevoll in die Seite. Sie begann ihn zu kitzeln, er wehrte sich und schließlich kugelten sie gemeinsam und ineinander verkeilt über den Strand. Plötzlich hielten sie beide still. Michael lag auf ihr und sie sahen sich in die Augen. Ihre Lippen trafen sich zu einem zunächst sanften, dann innigeren und leidenschaftlicheren Kuss. Sabine protestierte nicht, als er nach einer Weile erst ihr Bikini-Oberteil öffnete und dann sehr fordernd, aber zärtlich, ihre Hose abstreifte.

Zu dieser Zeit waren Werner und Hilde längst wieder an Bord. Nachdem sie festgestellt hatten, dass ihre Kinder noch nicht zurück waren, ließen sie sich von Butler Harry Kaffee und Kuchen in Hildes Suite servieren. Harry wollte zwar draußen decken, doch Hilde war es auf dem Balkon zu windig geworden.

„Die Insel der Winde eben", meinte Werner und freute sich, dass er am heutigen Tag so viel von Dimitri gelernt hatte.

„Was die jetzt wohl machen? Hoffentlich verpassen sie das Schiff nicht", sorgte sich Hilde.

„Die werden irgendwo an einem schönen Strand liegen. Wir fahren ja erst um 23 Uhr heute weiter, also da mache ich mir keine Sorgen."

„Ach ja, das stimmt. Hatte ich ganz vergessen", gab Hilde zu. „Was steht denn heute noch so auf dem Programm?"

Werner griff nach der Bordzeitung. „Abendessen ist in allen Restaurant von 18 bis 22 Uhr. Dann gibt es pünktlich zum Auslaufen eine Sail Away Party auf dem Pool-Deck."

„Da gehen wir hin", freute sich Hilde.

„Klar", war Werners Antwort, „Sabine wird sich aufregen, denn die Pool-Party hat das Motto *Griechische Nacht*. So was kann sie gar nicht leiden."

Hilde stürmte zu ihrem Kleiderschrank und riss an den Türen. „Mist, was ziehe ich denn da an?"

Werner folgte ihr und zerrte an ihrem Bettlaken.

„Was machst du denn da?", sie war mehr als irritiert.

Er wickelte das Laken um sich und verknotete es geschickt oberhalb der Taille. Dann nahm er einen der Bügel aus dem Kleiderschrank, stellte sich würdevoll in Positur und meinte: „Also, ich gehe als Zeus!"

Hilde kicherte. „Sabine wird dich in die Ausnüchterungszelle sperren lassen."

„Ach, gibt es so was hier?", fragte Sabines Vater überrascht.

„Es gibt hier nichts, was es nicht auch an Land gibt, lieber Werner." Wieder merkte sie, wie gern sie mit ihm zusammen war. Mit ihrem Mann hatte sie niemals solchen Spaß gehabt.

Werner machte einen Schritt auf sie zu. Dabei stolperte er über ein herumstehendes Paar Schuhe, verlor das Gleichgewicht und fiel auf das Bett. Da er noch versuchte, sich an Hilde festzuhalten, zog er sie mit und sie fanden sich übereinanderliegend auf dem großen Doppelbett wieder. Hilde ergriff mutig die Chance und küsste ihn das erste Mal auf die Lippen. Werner erwiderte ihren Kuss. Erst zaghaft, dann intensiver. Sie verloren sich in der Zeit. Auch bekamen sie nicht mit, wie Harry kurz klopfte, in die Suite trat, um das Kaffeegeschirr abzuholen und sich sofort wieder zurückzog, als er sah, dass die beiden, in ein Laken eingewickelt, übereinander auf dem Bett lagen und sich küssten.

Nachdem der Fischer Sabine und Michael zur vereinbarten Zeit wieder von der Insel abgeholt hatten, schwiegen sie.

„Ich gehe noch mal in die Stadt hinein, kommst du mit?", fragte er.

Sabine schüttelte mit dem Kopf und trottete Richtung Kreuzfahrtschiff. Sie wollte jetzt nur noch allein sein.

Ich bin jetzt offensichtlich kurz vor der 50 schon so verzweifelt, dass ich mit Männern schlafe, die nicht in mich verliebt sind und ich es genau weiß, dachte sie. *Und die ich auch nicht liebe. Nur weil ich zufälligerweise mit ihnen an einem einsamen, romantischen Strand bin.*

Sie ließ die letzten zwei Stunden gedanklich für sich Revue passieren. Ja, es war schön gewesen, auch hatte sie Leidenschaft gespürt, aber eben keine Liebe. Es war Sex gewesen. Zugegebenermaßen verdammt guter Sex, aber das war nicht das, nach dem sie suchte und wonach sie sich sehnte. Suchte sie überhaupt? Und wenn ja, was denn genau? Sie nahm sich vor, heute die Kabine nicht mehr zu verlassen. Sollte Harry ihr irgendwas bringen, Hunger verspürte sie ohnehin nicht. Als sie ihre Kabine betrat, standen Hilde und Papa gerade im Wohnraum. Beide waren ganz in Weiß gekleidet und hatten sich als Schärpen jeweils die blauen, großen Sonnenliegen-Handtücher um ihre Hüften geknotet. Fassungslos sah sie die beiden an. „Wollt ihr heiraten?", war das Erste, was ihr herausrutschte.

„Na ja vielleicht, aber nicht heute", strahlte Hilde. „Wo ist denn Michael?"

„Woher soll ich das wissen?", entgegnete Sabine eine Spur zu scharf in ihrer Tonwahl.

„Mein liebes Kind, heute ist doch die griechische Nacht an Deck. Wir haben uns nur passend angezogen. Komm, wir schauen mal, was dein Kleiderschrank hergibt."

Papas Diplomatie ging Sabine wie so oft auf die Nerven. „Ich gehe jetzt ins Bett. Mottopartys kann ich überhaupt nicht leiden." Sprach sie, öffnete die Tür zu ihrem Schlafzimmer und schlug sie mit einem lauten Knall hinter sich zu.

„Ich habe dir ja schon vorhin gesagt, dass Mottopartys nicht ihr Ding sind", wandte sich Werner an Hilde.

„Was ist überhaupt ihr Ding? Warum Michael nicht mir ihr an Bord gekommen ist, verstehe ich auch nicht", wunderte sich Hilde. „Egal, wir machen uns jetzt einen schönen Abend."

Werner zuckte mit den Schultern, hakte Hilde unter und gemeinsam marschierten sie würdevoll in ihrer Maskerade aus der Suite.

Sabine lag auf ihrem Bett. Sie weinte mal wieder bitterlich. Als sie nach einer Weile zur Ruhe kam, dachte sie an Hildes Worte. Heute fand keine Hochzeit statt. Es war nur die Griechische Nacht! Ob die Zwei sich inzwischen verliebt hatten? Eigentlich war das ihr und Michaels Plan gewesen, doch jetzt fühlte es sich so komisch an. Sie schloss die Augen und sah das Antlitz ihrer Mutter vor sich. Ob das jetzt alles richtig war? Sie heulte erneut in die Kissen und war sich ganz sicher, dass diese Kreuzfahrt mit Papa von Anfang an ein Fehler gewesen war, dem sie nie hätte zustimmen dürfen.

Kapitel 5
Gefühlschaos in Kotor

Als Sabine am nächsten Morgen aufwachte, fühlte sie sich wie gerädert. Der übliche Blick auf das Smartphone zeigte ihr, dass es wieder erst 7 Uhr in der Früh war.
Ob ich auf dieser Reise jemals ausschlafen kann?, dachte sie. Dann kamen ihre Erinnerungen an den gestrigen Tag auf Mykonos zurück. Sie war tatsächlich irgendwann eingeschlafen und nicht mehr aufgewacht. Sie stand auf, wusch sich kurz im Bad und zog einen kurzen, schwarzen Overall an. In der Suite bereitete sie sich den üblichen Morgenkaffee zu. Papas Schlafzimmertür war wie jeden Morgen noch geschlossen. Sie trat auf den Balkon. Von Michael war noch nichts zu sehen. Staunend sah sie, dass sie sich in einem Fjord befanden. Rechts und links ragten steile Felsmauern empor und die Berghänge waren kaum bewaldet. Ein wenig erinnerte sie das an Norwegen und den Geiranger Fjord. Auch heute schien die Sonne, die erneut einen sommerlichen Tag ankündigte. Sie selbst war überrascht von diesem Naturschauspiel, das sich ihr da bot. Sie hatte sie sich vor der Reise wenig bis gar nicht mit den Reisezielen beschäftigt. Soeben passierten sie eine kleine Insel, die mitten im Fjord lag und auf der eine Kirche mit türkisfarbenen Dächern stand. Es sah aus wie eine kitschige Postkarte, aber Sabine

fand es trotzdem schön. Schnell holte sie ihr Smartphone und schoss ein paar Bilder, als sie hörte, wie die Balkonkabinentür bei Michael und Hilde sich öffnete. Ohne sich umzudrehen rief sie: „Komm, das musst du dir ansehen, Micha, es ist so schön."

„Ist Mama bei euch?", bekam sie stattdessen zur Antwort.

Nun drehte sie sich doch um. Er kam auf sie zu und gab ihr wie selbstverständlich einen Kuss, allerdings auf die Wange. „Mama ist heute Nacht nicht nach Hause gekommen", sagte er und hatte für die schöne Natur um sich herum keinen Blick.

Fragend sah Sabine ihn an.

„Ich habe, nachdem wir uns getrennt haben, noch an Land gegessen. Dann war ich um 22 Uhr zurück in der Kabine. Da war sie schon weg. Du warst nicht auf dem Balkon zu sehen und nach einer griechischen Party war mir nicht. Da habe ich ein wenig Bordfernsehen geschaut und über Kotor im Programm gelesen. Dann bin ich um 23 Uhr ins Bett gegangen und da war sie noch immer nicht da. Ich habe mir nichts dabei gedacht, doch eben habe ich an ihrem Schlafzimmer angeklopft und als keine Antwort kam, vorsichtig die Tür geöffnet. Das Bett wurde heute Nacht nicht benutzt." Er kratzte sich am Kopf und nahm einen Schluck Kaffee.

„Ich habe die beiden gestern Abend zuletzt gesehen, da waren sie auf dem Sprung zu einer Mottoparty in einer absolut dämlichen Maskerade."

„Hast du Papa denn heute schon gesehen?"

„Nein, seine Tür zum Schlafzimmer war noch zu vorhin. Meinst du etwa, die liegen da zusammen im Bett? Oh, Gott", Sabine haute sich gegen die Stirn, „das alles hier wird ja mit jedem Reisetag schlimmer."

„Wo soll sie sonst sein?", kommentierte Michael. „Schaust du mal nach?"

„Ich kann da doch jetzt nicht die Tür öffnen. Vielleicht, ähm, störe ich gerade oder sie schlafen gar nicht mehr und machen was anderes?" Sabine fühlte sich ehrlich überfordert mit dieser Situation.

„Dann sind sie ja nicht besser als wir."

Über Sabines Gesicht zog sich eine gewisse Röte und sie fühlte sich in ihre Teenagerzeit zurückversetzt.

„Bitte", drängte er.

„Nur, wenn du rüberkommst und mit dabei bist", forderte sie.

„Okay."

Keine zwei Minuten später klopfte er und betrat die Suite. Langsam näherten sie sich Werners Schlafzimmertür. Michael trat dicht an die Tür und horchte angestrengt. „Also, zu hören ist nichts."

Sanft drückte Sabine die Klinke herunter. Im Inneren war es dunkel. „Papa?", rief sie zaghaft, bekam jedoch keine Antwort.

Michael schaltete mutig das Licht an und sie sahen ein unbenutztes Bett, das allerdings am Abend vom Butler hergerichtet worden war. Die Bettdecke war aufgeschlagen und der Gute-Nacht-Gruß in Form einer kleinen Tafel Schokolade lag unberührt auf dem Kissen.

„Genau so sieht es bei uns auch aus", meinte Michael, schaltete das Licht aus und schloss die Tür wieder.

Sabine ließ sich in den nächstbesten Sessel fallen. „Wo zum Teufel sind die?"

„Keine Ahnung, ich rufe Harry", sagte Michael und griff zum Telefon. „Harry, können Sie kommen? Es liegt ein Notfall vor. Er kommt sofort, Bini."

Sabine machte sich zu ihrer eigenen Beruhigung noch eine zweite Runde Kaffee. „Die werden doch nicht über Bord gesprungen sein?"

Nun lachte Michael. „Keine Sorge, die sind doch nicht lebensmüde. Du hast wohl zu viel Rita-Input gestern von der Adia bekommen."

Harry klopfte und trat ein. Er persönlich fand es sehr interessant, in der Suite nun die jungen Leute zu sehen. Ob sie die Kabinen getauscht hatten? Doch das ging ihn nichts an.

„Miss Sabine, Mister Michael, was kann ich für Sie tun? Vielleicht ein schönes Frühstück auf dem Balkon servieren?"

„Das auf jeden Fall schon mal", war Michaels Antwort. „Aber, wir haben noch ein anderes Problem. Unsere Eltern sind heute Nacht nicht nach Hause gekommen und wir wissen nicht, wo sie sind."

„Oh", Harry reagierte sehr überrascht, „also als ich sie am frühen Abend sah, da ging es ihnen noch gut. Sie lagen im Bett von Mrs Hilde und waren sehr vergnügt. Später habe ich dann wie gewohnt die Zimmer hergerichtet. Bis auf ihres, Miss Sabine, denn sie schliefen ja schon."

„Die Zwei lagen zusammen im Bett?", Sabine schnappte nach Luft.

„Was haben sie da gemacht?", wollte nun Michael konkret wissen.

Harry sah auf den Boden. Die Diskretion des Butlers stand bei der Reederei an oberster Stelle. Sabine baute sich vor ihm auf: „Es sind unsere Eltern!" Eindringlich sah sie ihn an und hob sein Kinn an.

„Ja, ich weiß, also in jedem Fall haben sie sich geküsst, mehr weiß ich wirklich nicht. Ich habe die Suite natürlich sofort wieder verlassen."

„Sie haben sich geküsst", echote Sabine und wieder fühlte es sich für sie seltsam an, dass Papa anscheinend Interesse an einer anderen Frau hatte, obwohl sie doch eigentlich mit ihm auf den Spuren ihrer Mutter reiste. Dann fiel ihr ein, dass alles ja nur ein Vorwand gewesen war, um sie mit

Michael zu verkuppeln. Oder doch nicht? Sie konnte nicht mehr klar denken.

Michael kam zu ihr und nahm sie in den Arm: „Dann haben wir doch erreicht, was wir wollten."

„Ich kann mal das Deck absuchen", bot Harry an. „Manchmal schlafen Liebespaare auch oben in den Kuschelkugeln, wenn es so warm ist wie in der letzten Nacht."

„Liebespaare ... Kuschelkugel", stöhnte Sabine auf.

„Oder die haben durchgemacht", schlussfolgerte Michael.

„Papa, durchgemacht, in seinem Alter?", schimpfte Sabine.

„Ich ordere für Sie jetzt erst das Frühstück und dann suche ich", versprach Harry artig. „Was mögen Sie denn?"

„Egal", schallte es gleichzeitig aus Sabines und Michaels Mund.

Sie setzten sich auf Sabines Balkon und verfolgten schweigend die weitere Einfahrt in den Fjord. Michael sah, dass sich auf Sabines Stirn echte Sorgenfalten gebildet hatten. Er rückte seinen Stuhl näher an sie heran und legte seinen Arm um sie. Sabine kuschelte sich dankbar an. „Keine Sorge, die finden sich wieder ein, ganz bestimmt", flüsterte er ihr liebevoll ins Ohr und streichelte ihren Arm.

Keine fünfzehn Minuten später kehrte Harry strahlend zurück. Während er Rührei mit Lachs, frisch gepressten O-Saft, eine kleine Käse- und Wurstauswahl und verschiedene Sorten Marmelade auf den Tisch stellte, berichtete er, dass er Hilde und Werner gefunden hatte. Sie saßen gerade beim Frühstück im Buffetrestaurant und sahen vergnügt, lustig und sehr lebendig aus.

„Und wo waren sie denn jetzt die ganze Nacht?", bohrte Sabine wieder.

„Das zu fragen steht mir nicht zu, aber ich habe gesagt, dass Sie in der Suite sind und sich sorgen."

„Und was hatten sie dazu zu sagen?", Michaels Stimmer klang erleichtert, aber auch angespannt.

Harry druckste ein wenig herum.

„Harry", Sabine sah den Butler mahnend an.

„Sie haben gelacht", war seine ehrliche Antwort. Dann ergriff er schleunigst die Flucht aus der Suite. Sabine und Michael ließen sich das Frühstück trotzdem schmecken.

„Die können was erleben", meinte Bini kauend und Michael nickte eifrig.

Eine Weile später öffnete sich die Kabinentür der Suite und Werner trat ein. Als er seine Tochter und Michael auf dem Balkon frühstückend sitzen sah, ging er zu ihnen.

„Einen wunderschönen guten Morgen, Kotor", rief er aus.

„Wo kommst du jetzt her? Und warum trägst du immer noch diesen albernen Fummel von gestern Abend?", Sabine erhob sich und baute sich vor ihrem Vater auf.

„Vom Frühstück?"

„Du hast heute Nacht nicht in deinem Zimmer geschlafen und Hilde auch nicht. Wo wart ihr?"

„Sabine, also wie das nun klingt. Haben wir jetzt einen Rollentausch? Du warst doch gestern Abend sowas von negativ und wütend, da haben Hilde und ich beschlossen, die laue Nacht an Deck zu genießen. In diesen Kuschelkugeln kann man ganz wunderbar schlafen. Sogar Decken gab es. Wir haben Sternschnuppen gesehen und gezählt und haben aus unserem Leben geplaudert. Dann sind wir doch noch eingeschlafen, aber nur kurz, denn uns weckte ein wunderbarer Sonnenaufgang. Von dort aus sind wir gleich zum Early Bird Frühstück und jetzt gehe ich erst mal ins Bett." Er gähnte und sah jetzt doch sehr müde aus.

„Wo ist Mama?", wollte Michael wissen.

„Auch auf dem Weg in ihr Bett, schätze ich. Wir waren ja bis eben zusammen."

Er wandte sich zum Gehen, dann drehte er sich nochmals um. „Also Kotor müsst ihr heute allein machen. Wir müssen erst mal schlafen, aber wir hatte ja sowieso nur einen kleinen Spaziergang auf eigene Faust geplant und nichts über die Reederei gebucht. Gute Nacht!"

Nach diesen Worten ging er direkt in sein Schlafzimmer und schloss geräuschvoll hinter sich die Tür. Sabine und Michael sahen sich überrascht an. In diesem Moment hörten sie das Bugstrahlruder. Die Sea Princess war bereit, im Hafen von Kotor anzulegen. Beide schauten in den kleinen Hafen und sahen bereits die *Dein Dampfer 2* vor ihnen liegen, die anscheinend noch früher als sie selbst festgemacht hatte.

„Tja, dann musst du gar nicht krank spielen", meinte Sabine mit Blick auf das andere Kreuzfahrtschiff. „Die Sache hat sich von selbst erledigt und Olga wartet schon." Dabei klang ihre Stimme leicht schnippisch. Michael blickte zur *Dein Dampfer 2* hinüber. „Die hatte ich jetzt irgendwie total vergessen. Was machst du denn dann heute ohne Papa?"

Michaels Frage überraschte Sabine. Wollte er ihr etwa anbieten, dass sie zu dritt an Land gingen? Das kam für sie nicht infrage. Schon gar nicht seit gestern Nachmittag. „Ich werde erst ein wenig arbeiten und mir dann die Altstadt ansehen", antwortete sie lahm. Er erhob sich, küsste sie auf die Stirn und meinte: „Ich wünsche dir einen schönen Tag." Sie erwiderte seinen Wunsch nicht und fühlte, wie ihr schon wieder die Tränen in die Augen schossen. Diese Emotionalität musste aufhören und zwar sofort, da war sie sich ganz sicher!

Anstatt sich ihrer Arbeit zu widmen, hatte Bini plötzlich Lust auf einen Saunagang. Sie brauchte jetzt dringend ein wenig Balsam für die Seele und in der Sauna konnte sie immer gut entspannen. Sie fuhr hinauf nach Deck 10, trat ein und freute sich. Niemand außer ihr nutzte gerade den Wellnessbereich. Alle Passagiere waren natürlich erst mal in der Stadt unterwegs. So war es immer. Entspannt legte sie sich nach zwei Durchgängen und einigen kalten Duschen auf eine der Außenliegen, die an Deck standen. Dabei richtete sie ihre Liege extra so aus, dass sie zwar von oben in die Stadt schauen konnte, aber nicht direkt auf die *Dein Dampfer 2*. Ihr Körper kam langsam zur Ruhe und entspannte sich, ihr Kopf jedoch nicht. Sie dachte an ihren Ex-Mann, dann an Ralf und schließlich wieder an Michael. Sie kam sich vor, als ob ihr Kopf Kettenkarussell fuhr und sie saß in jeder Runde auf einem anderen Sitz. Was oder wen wollte sie eigentlich wirklich? Auf ihren Ex-Mann war sie nach wie vor sauer, doch liebte sie ihn noch, so wie Papa es ihr vorgeworfen hatte? Sie horchte tief in sich hinein und fand keine Antwort. Dann kam Ralf in ihren Kopf. Wie viele Stunden hatten sie gemeinsam bei einem oder auch zwei Gläsern Wein verbracht? Aber dabei war es nie um gegenseitige Gefühle gegangen. Er mochte sie, das wusste Sabine, aber war da vielleicht seit der Trennung von Michael mehr Erwartung bei ihm gewesen? Gesagt hatte er diesbezüglich nie etwas. Aber neulich bei ihrem Chat hatte er fast eifersüchtig geklungen. Und schließlich Michael der Zweite, wie Papa ihn ständig nannte, der nicht nur beruflich super zu ihr passen würde, für den sie zwar nichts fühlte, mit dem sie aber trotzdem geschlafen hatte. Dieser rannte on top dazu gerade auch noch mit seiner Freundin durch Kotor oder vielleicht hatten sie sich auch in ihrer Leidenschaft ein Hotelzimmer genommen und amüsierten sich prächtig, nachdem er gestern und eigentlich bis eben ihr nahe gewesen war? Sabine merkte, dass sie hier auf der Liege kein Stück weiterkam und die Beantwortung der offenen Fragen nicht vom Himmel fiel. Sie stand auf, stellte sich an die Reling und schaute ein wenig in die Stadt. Hoch über

Kotor thronte eine mittelalterliche Burgruine. Im Tagesprogramm hatte sie gelesen, dass diese Burg San Giovanni hieß und ein Aufstieg wurde absolut empfohlen. Sabine beschloss, dass diese Maßnahme vielleicht helfen würde. Dort oben hatte sie bestimmt nicht nur einen schönen Blick auf den Fjord, sondern würde auch den Kopf freibekommen. Bini kehrte kurz in ihre Kabine zurück. Sie horchte an Papas Schlafzimmertür und hörte ein Schnarchen. Eiligst beantwortete sie nur die eiligsten Mails an Annika und verließ dann das Schiff. Bei WhatsApp wurde ihr eine neue Nachricht von Ralf angezeigt, die sie aber zunächst nicht öffnen und lesen wollte.

Michael saß mit Olga zu dieser Zeit in einem kleinen Café nahe der Markthalle. Er hatte sie an der Gangway ihres Kreuzfahrtschiffes abgeholt und bereits bei der Begrüßung Zurückhaltung gespürt. Sie waren dann eine Weile durch die Markthalle geschlendert, aber so richtig war keiner bei der Sache gewesen. Schließlich hatte sie vorgeschlagen, in das nahe gelegene Café zu gehen. Soeben machte sie eine längere Redepause und nippte an dem Glas Wasser, das ihr der Kellner zu ihrem Espresso serviert hatte. Michael musste erst mal begreifen, was Olga da in den letzten zwanzig Minuten gesagt hatte. Das Ergebnis war denkbar einfach: Ihre Beziehung war vorbei. Olga hatte die Reederei vor zwei Monaten schon gewechselt und war der Liebe wegen einem Fotografenkollegen gefolgt. Nun wollten sie beide noch die Saison zu Ende fahren und sich dann an Land ein neues Leben aufbauen. Sogar von Heirat hatte sie gesprochen. Michael blickte starr auf den Tisch: „Und was wollt Ihr an Land machen?", wollte er schließlich wissen.

Olga rutschte verlegen auf ihrem Plastikstuhl hin und her. „Wir wollen eine Reisefotoagentur aufmachen, verbunden mit einem kleinen Studio für Produktfotografie."

„Das hättest du vor Jahren auch mit und bei mir in Berlin haben können." Aus seiner Stimme klang Bitterkeit.

„Ja, deshalb hatte ich auch bisher nichts gesagt. Ich wollte warten, bis wir uns persönlich einmal wiedersehen, weißt du?"

Michael wusste es nicht, fühlte aber, dass er gerade tief verletzt worden war. „Du hast mich nie richtig geliebt."

„Doch, bestimmt", sie nahm seine Hand, er entzog sie ihr. „Aber, weißt du, bei ihm war es so anders. Ich wollte das erst auch nicht, aber ich konnte nichts dagegen tun."

In diesem Moment entdeckte Michael Sabine, die gerade über den nahegelegenen Zebrastreifen ging. Er sprang auf: „Bini!"

Sie drehte sich kurz um, sah ihn, winkte und ging weiter. Er blickte ihr überrascht nach.

„Und wer ist das?", wollte Olga neugierig wissen.

Die Frau, mit der ich gestern geschlafen habe und es wunderschön fand, dachte er. Sagte aber: „Eine Mitreisende. Also, nein, sie ist die Tochter des Mannes, den meine Mutter kennengelernt hat. Das war schon zu Hause in Deutschland. Die Zwei sind jetzt anscheinend seit letzter Nacht ein Paar. Aber eigentlich diente die Reise dazu, mich und Sabine zu verkuppeln, was aber nicht klappt."

Olga lachte herzlich auf und Michael fühlte einen kurzen Schmerz. Speziell ihr Lachen und wenn sie dann den Kopf zurückwarf, hatte er immer so geliebt. Hatte?

Olga bestellte eine zweite Runde Espresso und meinte: „Also, das erzählst du mir jetzt mal ganz genau. Ich verstehe kein Wort und lass ja kein Detail aus!"

Er begann mit der ersten Begegnung im Flugzeug mit Sabine, die nur fünf Tage her war, ihm aber zeitlich viel länger vorkam.

Sabine ächzte, aber sie hatte ihr Ziel erreicht. Sie stand am höchsten Aussichtspunkt der Burg und hielt sich an dem Fahnenmast, an dem die Flagge von Montenegro im Wind flatterte, fest. Bini starrte die Flagge an. Zwei Adlerköpfe blickten nach rechts und links und unter ihnen thronte ein Löwe. Schon wieder drei. Sabine keuchte selbst wie eine Dampfwalze und schwitzte mehr als vorhin in der Sauna. Wo war bloß ihre Kondition geblieben? Erschöpft setzte sie sich auf eine Mauer und nahm aus ihrem Rucksack eine kleine Flasche Mineralwasser, die noch erfreulich kühl war. In großen Schlucken trank sie die Flasche leer. Dann blickte sie versonnen über den Fjord. Der Aufstieg hatte sich wirklich gelohnt. Ganz unten im Hafen sah sie ihr Schiff liegen, es glich einer Miniatur. Die Stadt Kotor lag ihr quasi zu Füßen. Sie zog ihr Smartphone aus der Tasche und machte ein paar Aufnahmen, zuletzt ein Selfie von sich und der Flagge. Dann lass sie Ralfs Nachricht:

Hallo Bini nach Kotor, wie ist Dein Tag? Genießt Du die Reise?

Sie schrieb kurz zurück, dass alles in Ordnung sei und hängte das Selfie mit an die Nachricht. Vermutlich würde er sich jetzt wieder wundern, denn ein Foto, geschweige ein Selfie, hatte sie ihm noch nie gesendet. Er schien tatsächlich jeden Tag im Internet zu schauen, wo ihr Schiff war. Das fand sie irgendwie süß. Sie betrachtete weiter den Fjord, als sie merkte, dass sich ihr eine Frau näherte. Sie trug ein buntes Gewand, das bis zum Boden reichte. Auch die Arme waren bedeckt. Ihre Haare waren weiß, lang und flatterten wie die Fahne des Landes im Wind. „Sind sie aus Deutschland", sprach die Frau Sabine an. Bini betrachtete sie jetzt näher. Die Frau hatte ein braunes, wettergegerbtes Gesicht, was darauf schließen ließ, dass sie schon ein hohes Alter hatte. Sie sprach akzentfrei Deutsch. Das wunderte Sabine.

„Ja, woher wissen sie das?"

„Ich weiß vieles", bekam sie zur Antwort.

„Ich bin mit dem Schiff heute Morgen gekommen", begann Sabine eine Unterhaltung und deutete auf die Sea Princess.

Die Alte nickte und kramte eine Dose aus ihrer kleinen Handtasche. Darin sah Sabine Zigaretten liegen. Freundlich bot die Frau ihr eine an. Sabine rauchte selten, doch sie wollte nicht unhöflich sein. Umständlich gab die Alte ihr Feuer. Sabine sog an der Zigarette und empfand das Nikotin als ungewöhnlich stark. Sie blies den Rauch in die Luft. „Herrlich, die Berge so von oben. Die Einfahrt in den Fjord heute Morgen war einfach zauberhaft."

„Und die Gletscher sind die Augen der Berge, sieh mal genau hin", sagte die Alte und deutete mit ihrer Hand auf das Panorama. Sabine kniff die Augen zusammen und tatsächlich sah sie jetzt, dass die bergige Landschaft aus lauter steinernen Gestalten bestand. Sie bekam eine Gänsehaut, öffnete die Augen wieder weit und der Fjord sah normal aus. Sie wandte sich wieder zu der Frau um. „Woher können Sie so gut Deutsch sprechen?"

„Ich beherrsche viele Sprachen. Doch nun frage ich dich. Warum sitzt eine junge, attraktive Frau, die eine Kreuzfahrt macht, allein auf diesem Berg?"

„Es ist kompliziert", war Sabines knappe Antwort und sie dachte an Michael.

„Viele kommen hier hoch, bei denen es kompliziert ist. Sie suchen nach Antworten, dabei liegt die Antwort bereits in ihnen selbst."

Nun wurde es Sabine ein wenig unheimlich. Ihre Nackenhaare stellten sich auf, wie immer, wenn sie Gefahr verspürte. Die Frau stand auf und ging ein paar Schritte hin und her. „Ich bin so eine Art Medium", erklärte sie. „Ich spüre deine innerliche Zerrissenheit schon, als ich um die Ecke bog. Du hast Entscheidungen zu treffen und weißt nicht, welche die richtige ist."

Sabine wurde es noch mulmiger und sie überlegte, wie sie von hier am schnellsten und besten wegkam.

„Flucht ist keine Lösung", sagte die Frau passend. „Deine Aura strahlt es aus, du kannst nicht lieben."

Jetzt reichte es Sabine endgültig. Das hatte noch niemand zu ihr gesagt. Sie stand abrupt auf, drückte ihre Zigarette im Sand aus und warf sie in den nahestehenden Mülleimer. „Das stimmt überhaupt nicht." Sie stapfte mit dem Fuß auf wie ein kleines Kind und spürte, dass ihr schon wieder die Tränen kamen.

„Wen liebst du?", fragte die Alte lauernd und rauchte seelenruhig weiter.

„Meinen Papa", heulte Sabine nun tatsächlich los, „und früher auch Mama, als sie noch gelebt hat. Aber natürlich liebe ich sie auch heute noch."

„Dann zeige es deinem Papa doch einmal, Du wirst dich gut dabei fühlen. Und er ist noch am Leben."

Wie kam diese Alte darauf, dass sie ihrem Vater nicht ihre Gefühle zeigte? Anstatt wegzulaufen, war Sabine aber in eine Art Schockstarre verfallen. Das nutzte die Frau aus und nahm ihre rechte Hand. Mit ihren alten Fingern, die dürr wie Spinnenbeine waren, fuhr sie über Sabines Handinnenfläche. Bei der Berührung fühlte Bini ein Brennen. Drei Linien zog die Frau auf ihrer Handfläche. „Es sind drei Männer, die dein Herz verwirren."

Sabine fühlte sich plötzlich wie die Hauptfigur in einem der Groschenromane, die ihre Oma damals immer hingebungsvoll gelesen hatte.

Die Alte ließ sich nicht beirren. „Einer ist gegangen." Sie blickte über die Weite der Landschaft. „Aber, er ist nicht tot."

„Nein, er erfreut sich gerade später Vaterfreuden", gab Sabine zur Antwort und in ihrer Stimme klang Sarkasmus pur.

Die Frau kommentierte ihre Antwort nicht. „Ein anderer ist ganz in der Nähe, nur du kannst ihn nicht richtig fühlen!"

Sabine war das alles zu viel, doch ihre Neugier war inzwischen viel zu groß, um wegzulaufen. Vielleicht war diese Frau wirklich ein Medium, woher sollte sie sonst alles wissen? „Und was ist mit Nummer drei?", war daher ihre Frage, „ist das der Richtige?"

„Es geht nicht darum, wer der Richtige ist, sondern, dass du richtig fühlst. Dein Schiff heißt Sea Princess! Du selbst benimmst dich aber wie die Prinzessin auf der Erbse. Ständig klagst du. Denk da mal drüber nach." Bong, das saß.

Jetzt kritisierte diese fremde Frau sie das zweite Mal innerhalb von zehn Minuten! Zudem unterstellte sie ihr permanente Jammerei! *Na, die hätte sie mal auf Mykonos sehen sollen, da war sie super in Fahrt gewesen!* „Ich muss jetzt gehen", meinte Sabine, „hast du noch einen Tipp für mich?"

„Arbeite an deinen Gefühlen, dann weißt du auch den richtigen Weg. Einer der drei Männer ist der Richtige, ich weiß wer und auch du wirst es auch bald wissen, denn er ist nicht fern."

„Tschüss", Sabine wandte sich zum Gehen, dann drehte sie sich doch noch mal um: „Danke, Leben Sie wohl."

Doch die Alte hatte sich schon wieder abgewandt und starrte auf den Fjord. Wieder sah Sabine die Augen in den Felsen. Den Weg bergrunter rannte sie und als sie unten in der Stadt angekommen war, steuerte sie auf die erstbeste Bar zu und bestellte eine Karaffe gekühlten Weißwein. Sie blickte in den Spiegel am Tresen und erschrak. Ihre Haare waren klitschnass und klebten am Kopf, sie war braun wie eine Kaffeebohne, ihre Augen aber waren rot unterlaufen und sie sah absolut ungestylt aus. So würde sie in Berlin nicht mal zum Mülleimer gehen. Schnell setzte sie ihre Sonnenbrille auf und trank gierig und in großen Schlucken vom dem Wein.

Fünf Tage bin ich nun auf Kreuzfahrt mit Papa und bereits ein absolutes Wrack! Kann ich denn wirklich nicht lieben? Keine Liebe zeigen und geben?", dachte sie und fühlte Verzweiflung pur in sich aufsteigen.

Zwei Stunden später betrat Sabine die Sea Princess. Sie schwankte, denn sie hatte mit insgesamt drei Karaffen Weißwein versucht, ihre Begegnung mit der alten Frau herunter- und aus ihrem Gedächtnis zu spülen. Und das mit wahrer Leidenschaft. Leider hatte es nicht geklappt. Der kurze Rückweg zum Schiff in der prallen Sonne hatte ihr den Rest gegeben. Einigermaßen würdevoll schritt sie dennoch die Gangway hoch, zeigte artig die Bordkarte vor und ließ ihre Handtasche durchleuchten. Im Fahrstuhl lehnte sie sich gegen die Spiegelwand. Irgendwie drehte sich alles. Zunächst ging sie in den falschen Kabinengang und wunderte sich, wo ihre Suite geblieben war. Dann fiel ihr auf, dass hier die ungeraden Zahlen waren und sie wechselte schnell auf die richtige Seite. Zum Glück sah sie niemand dabei. Sie schwankte nun doch recht ordentlich und als sie Harry auf dem Gang traf, blickte er sie sorgenvoll an.

„Bisschen viel Seegang heute", kommentierte sie seinen Blick. Er ging voran und öffnete ihr galant die Tür zur Suite mit seiner Zimmerkarte.

„Miss Sabine", kündigte er sie an.

Sabine sah ihren Vater und Hilde gemütlich bei Kaffee und Kuchen auf dem Balkon sitzen. Harry schloss die Tür.

„Sabine, wie schön, dass du da bist", rief Werner aus und sprang auf.

Sabine eilte ihm entgegen und stolperte über die kleine Stufe zur Veranda. Werner reagierte blitzschnell und fing sie auf. Einen Moment lag sie schweigend in seinen Armen, dann rappelte sie sich auf und sagte: „Papa, ich liebe dich." Wieder flossen Tränen aus ihren Augen.

Hilde taxierte Sabine von oben bis unten.

„Ich liebe dich doch auch, Kind", war seine Antwort und er schloss sie in die Arme und drückte sie fest.

„Ich liebe, ich kann es nur nicht so zeigen, aber das wird jetzt anders!"

„Mama und ich wussten immer, dass du uns liebst, mach dir keine Sorgen." Fürsorglich streichelte Werner seiner Tochter über beide Wangen. Natürlich bemerkte er, dass sie stark angetrunken war, aber er sagte es nicht.

Sabine stand nun wieder sicher auf eigenen Beinen und machte sich an der üblichen Flasche Champagner zu schaffen, die noch geschlossen im Eiskühler lag. Papa eilte ihr zur Hilfe und schenkte ein Glas für sie ein. Er bot auch Hilde an, doch sie schüttelte mit dem Kopf. Sabine trank das erste Glas in einem Zug. Papa schenkte nach. Mit dem Glas in der Hand wanderte sie hin und her über den Balkon. „Diese Kreuzfahrt macht mich irre. Dann gehe ich zur Entspannung auf diesen Berg", dabei fuchtelte sie wild mit dem Glas in Richtung der Burg, „will meine Ruhe und treffe eine Wahrsagerin oder sowas. Alles, wirklich, alles wusste die über mich. Und vor allem wusste sie, dass ich keine Liebe zulassen kann, will und Leidenschaft ein Fremdwort für mich sei."

„Hatte diese Frau Getränke dabei?", erkundigte sich Hilde möglichst diplomatisch.

„Nö", quetschte Sabine hervor, „aber Zigaretten, so selbst gedrehte. Plötzlich hatten die Berge alle Augen. Danach bin ich runter in die nächste Taverne und habe drei Karaffen Weißwein getrunken.

„Ach", tat Werner mit harmloser Stimme, „und wie sind jetzt deine Pläne für den restlichen Tag?"

„Ich gehe zu Bett, wenn ich den Champagner ausgetrunken habe", lallte Sabine nun absolut undamenhaft und gähnte herzhaft.

„Du hast einen Joint geraucht", erklärte Hilde sachlich, „da ist Müdigkeit normal, dann noch gepaart mit Alkohol."

Werner sah Hilde überrascht von der Seite an.

„Iss egal", fand Sabine, „aber warum hat die Alte mir denn nicht gesagt, wer von den drei Männern nun meine richtige Wahl ist? 1, 2 oder 3 – du musst dich entscheiden, drei Männer sind frei. Plopp! Plopp, das heißt Stopp, nur noch einen Hopp, dann bleibt es dabei", sang sie albern die alte Melodie aus Kindertagen von der Quizshow mit Michael Schanze und hüpfte dazu über das Deck. Werner lachte herzlich los, endlich tat seine Tochter mal etwas Verrücktes! Währenddessen hakte Hilde Sabine unter: „Ich bringe dich mal ins Bett, Bini."

Anstandslos ging Sabine mit. Vielleicht, weil Hilde sie nicht Kind nannte, sondern das erste Mal Bini. Über die Schwelle, über die Sabine zuvor gefallen war, hüpfte sie nun im Schlusssprung, drehte sich zu ihrem Vater um und warf ihm eine Kusshand zu. Werner winkte ihr gelassen hinterher. Zehn Minuten später kehrte Hilde zurück. Inzwischen hatte Werner ihr und sich selbst ein Glas Champagner eingeschenkt, sie prosteten sich zu.

„Endlich hat Sabine mal etwas Verrücktes getan", freute sich Werner. „Das war dringend nötig."

„Aber wen meinte sie denn mit den drei Männern?"

„Ich weiß es nicht, Hilde, vielleicht sind sie und dein Michael noch gar kein richtiges Paar, sondern sie haben uns das nur vorgegaukelt. Warum auch immer. Drei Männer", er überlegte.

„Vielleicht ist Nummer zwei dieser Blumengießer?"

„Das würde mich wundern, obwohl er ein netter Kerl ist", sagte Werner. „Ich hoffe nur, dass Nummer drei nicht ihr Ex-Mann ist, dann wäre sie ja immer noch nicht über den Berg, im wahrsten Sinne des Wortes."

„Vermutlich schon. Aber vielleicht ist sie ja nach heute über den Berg nach dem Berg? Schon seltsam diese Begegnung mit der alten Frau, oder?"

Werner stimmte zu.

Plötzlich hörten sie, wie sich die Balkontür von Hildes Suite öffnete. Michael trat heraus und stellte sich an die Reling. Er bemerkte sie nicht. In seiner rechten Hand hielt er ein Glas, in der linken eine Flasche Whisky. Er schenkte sich reichlich und ohne Eis direkt in ein Wasserglas ein und trank in großen Zügen. Hilde machte Werner ein Zeichen, sich ruhig zu verhalten. Er prostete in Richtung des anderen Kreuzfahrtschiffes, das gerade im Begriff war abzulegen.

„Ich glaube, er ist auch betrunken", flüsterte Hilde in Werners Ohr. „Was ist nur los mit unseren Kindern?"

Eine Weile beobachtete Michael das Ablegemanöver des Kreuzfahrtschiffes. Er sah traurig aus. Dann wollte er sich zum Gehen wenden. Hilde stand schnell auf.

„Michael, ist alles in Ordnung?"

„Ach, Mama", bekam sie zur Antwort, „für dich jetzt sicher schon." Er schien gar nicht überrascht zu sein, dass sie sich auf dem Nachbarbalkon befand.

Fragend hob sie die Augenbrauen. Er zeigte auf die *Dein Dampfer 2*. „Darauf fährt Olga. Wir haben uns heute im Hafen getroffen zu einer Aussprache. Sie hat einen Besseren gefunden und es ist aus zwischen uns."

Hilde verkniff sich bewusst zu sagen, dass er ihr von dem Treffen vorher nicht erzählt hatte. „Das tut mir leid", sagte sie und streichelte ihm über die Wange.

„Du mochtest sie doch gar nicht."

„Na, so ist es auch nicht gewesen", beschwichtigte Hilde.

Auch Werner trat nun an die Brüstung zum anderen Balkon und klopfte Michael kameradschaftlich und aufmunternd auf die Schulter.

„Ich habe mich nach dem Gespräch dann einfach in die nächstbeste Kneipe gesetzt und mich wohl ein wenig zu sehr betrunken", gab Michael zu. Nun sah er aus wie ein kleiner Junge, der genau wusste, etwas Unrechtes getan zu haben. Er stellte sein Glas auf den Tisch und vergrub seine Hände in den Hosentaschen.

„Genau das hat Sabine auch gemacht. Schade, dass ihr nicht dieselbe Pinte gefunden habt", meinte Werner.

Michael blickte überrascht auf. „Sabine? Betrunken? Das kann ich mir gar nicht vorstellen, aber warum und wo ist sie jetzt? Ich hatte ihr noch kurz zugewunken aus dem Café, wo ich mit Olga saß, aber sie ging einfach weiter."

„Danach hat sie da oben auf dem Berg noch mit so einer Art Wahrsagerin einen Joint geraucht", petzte Sabines Vater.

Michael geriet aus dem Gleichgewicht und musste sich am Tisch festhalten.

„Ich komme jetzt rüber und stecke dich auch ins Bett, so kannst du ja nicht über das Schiff laufen", beschloss Hilde.

„Das schaffe ich schon allein", war die Antwort ihres Sohnes. Er dreht sich um, stolperte beim Eintritt in die Suite jedoch über den kleinen Türvorsprung und lag schließlich in voller Länge auf dem Boden.

„Sie würden so gut zusammenpassen", fand Werner.

„Ich gehe mal rüber und bringe ihn zu Bett", gab Hilde zur Antwort, „wir sehen uns später beim Essen."

Sie hatten zum Abendessen das ruhigere À-la-carte-Restaurant gewählt. Sie wollten unter sich sein, anstatt das doch recht wuselige Buffetrestaurant zu besuchen, wenn das auch über schöne Außensitzplätze verfügte. Sie hatten soeben den Hafen von Kotor verlassen und genossen von ihren Plätzen nahe am Fenster letzte Blicke auf den Fjord. Seit Hilde ihren Sohn zu Bett gebracht hatte, waren zwei Stunden vergangen. Weder Sabines Schlafzimmertür noch Michaels hatten sich seitdem wieder geöffnet. Aber das hatten Hilde und Werner auch nicht erwartet. Sie hatten sich heute Abend für das Drei-Gang-Menü *Montenegro* entschieden. Soeben wurde eine herzhafte Bohnensuppe als Vorspeise serviert. Dazu reichte der Kellner frisches Weißbrot.

„Morgen habe ich Geburtstag", erinnerte Werner sich und stippte das Brot in die dickliche Suppe.

„Ja, ich weiß das natürlich. Nach unseren Planungen wollten wir eigentlich viel weiter sein. Da wären Michael und Sabine schon ein Paar gewesen. Wir wären zu viert durch die schöne Altstadt spaziert und hätten die damaligen Plätze von dir und Elisabeth besucht."

Kauend meinte Werner: „Na, das können wir doch trotzdem machen. Am Abend essen wir dann zusammen an Bord und ich glaube, morgen Abend ist auch diese Mottoparty *Weiße Nacht*. Das passt ja zu einem Greis wie mir."

Hilde lachte laut auf. Werner nahm wie selbstverständlich ihre Hand und streichelte sie. Nun konnte Hilde nicht mehr nach dem Brot angeln, aber das störte sie nicht im Geringsten.

Wie schön sie immer noch aussieht für ihr Alter, dachte er.

„Könntest du dir einen Neuanfang mit einem Mann noch mal vorstellen?" Seine Stimme schwankte ein wenig.

Sie sah ihm direkt in die Augen: „Mit dir, ja!"

Er fühlte eine Wärme in sich aufsteigen, die er lange vermisst hatte. „Kannst du dir auch vorstellen, zu mir nach Husum zu ziehen?"

„Wenn wir dein Häuschen ein wenig auf Vordermann bringen? Warum nicht? Es stehen natürlich überall die Erinnerungen an dein Leben mit Elisabeth. Das störte mich bisher nicht, aber da waren wir auch nur Freunde."

Werner nickte verständnisvoll. „Ich räume das alles weg."
„Nicht alles, die Ecke mit den Kinderbildern von Sabine und deiner Frau darf gern bleiben. Ich bringe dann ja auch ein paar Fotos von Paul mit."
„Genau", meinte Werner, „wir machen eine Vergangenheitsecke. So bleiben unsere Lieben bei uns."
Die Bedienung unterbrach das innige Gespräch nur ungern, aber das Lammfleisch in Milch musste unbedingt heiß serviert werden. Eine Weile aßen sie schweigend, aber glücklich.
„Mein Freund Franz wird ausflippen", feixte Werner, „der findet dich nämlich auch ganz toll."
„So, so, also ich fand dich schon immer toller als ihn."
Hilde fühlte sich wie ein Teenager. Nach dieser Kreuzfahrt würde ein neues Leben für sie beginnen. Im letzten Jahr hatte sie erst die große Villa, in der sie mit ihrem Mann gelebt hatte, gegen eine schmucke Eigentumswohnung getauscht. Diese würde sie aber mit Sicherheit gut vermieten können, da machte sie sich keine Sorgen. Ein neuer Lebensabschnitt begann!
„Morgen sagen wir es den Kindern", schlug Werner vor, „irgendwie so nach dem Abendessen. Der Tag passt ja dazu."
„Das ist eine gute Idee", fand Hilde und ihre Wangen verfärbten sich vor Aufregung ganz rot. Nach dem Dessert saßen sie noch bei einem guten Glas Wein an der Heckbar, bis es Mitternacht war. Sie stießen an und symbolisch war es auf ein neues Leben und nicht nur auf Werners 80. Geburtstag. Er ging sogar vor ihr auf die Knie und fragte: „Willst du den Rest deines Lebens von nun an mit mir teilen?"
„Ja", hauchte sie und dann folgte ein langer Kuss. Einige der wenigen anderen Passagiere, die noch auf waren, applaudierten und freuten sich mit. Zwar hatten sie die Worte von Werner nicht verstanden, doch seine Geste war international bekannt.

Sabine erwachte gegen 22 Uhr und ihr Kopf dröhnte. Sie suchte die Suite nach ihrem Vater ab, doch sie fand ihn natürlich nicht. Die Kabine jetzt noch zu verlassen, kam für sie aber auch nicht mehr infrage. Sie blickte auf den Balkon und sah Michael an Deck stehen. Schnell ging sie hinaus. Er freute sich sichtlich, sie zu sehen. „Magst du auch einen Kaffee?", wollte er wissen.

„Dann kann ich die halbe Nacht nicht schlafen."

„Unsere Eltern sind wohl gemeinsam Abendessen gegangen und machen wieder die Nacht durch."

„Kann sein", meinte Sabine und rekelte sich. „Ich gehe jetzt auch gleich wieder ins Bett. Morgen ist Papas Geburtstag, das wird sowieso anstrengend, mit ihm auf Mamas Spuren zu wandern."

„Das glaube ich gern", war Michaels Antwort, „ich weiß noch gar nicht, was wir morgen machen. Vermutlich wieder so einen nervigen Ausflug der Reederei."

Sabine gab ihm zum Abschied einen zaghaften Kuss auf die Wange und verschwand in der Suite. Michael sah ihr nach und war ein wenig enttäuscht, dass sie ihn gar nicht nach seinem Treffen mit Olga gefragt hatte.

Sabine bestellte telefonisch noch ein üppiges Balkon-Frühstück und Blumen bei Harry für 9 Uhr für sie und Papa und ließ sich dann wieder ins Bett fallen. Sie war ein wenig enttäuscht, dass Michael gar nicht wissen wollte, wie sie den Tag verbracht hatte.

Kapitel 6

HEIMLICHE KÜSSE IN DUBROVNIK

An diesem Morgen erwachte Sabine nicht durch die Sonnenstrahlen, die durch ihr Fenster trafen, sondern durch ihr Smartphone. Es war die Erinnerungsfunktion und auf dem Display stand *Papa Geburtstag – 80!*. Schnell krabbelte sie aus dem Bett. Es war zwar erst 7 Uhr, doch sie wollte schnell unter die Dusche springen, um fit für den Tag zu sein. Dabei versuchte sie möglichst leise zu sein, um ihren Vater nicht zu wecken. Sie kramte im Kleiderschrank und entschied sich für einen weißen, luftigen Overall und einen roten Schal. Zur Feier des Tages zog sie nach fünf Tagen erstmals wieder ihre türkisfarbenen Pumps an und sie fand, dass diese unheimlich drückten. In den letzten Tagen hatte sie nur Sandalen getragen. Sie suchte in ihrem Koffer nach den Geburtstagsgeschenken und baute sie mit einer hübschen Karte auf dem Wohnzimmertisch der Suite auf. Anschließend zog sie die Gardinen zurück und sah, dass auch heute das Wetter perfekt war. Wieder lachte die Sonne vom Himmel und wettermäßig würde es sicher ein fantastischer Tag werden. Sie überlegte eine Weile und holte dann ihre Geldbörse heraus. Sie angelte nach dem Passfoto ihrer Mutter und zog es heraus. Dann küsste sie es. „Mama, ich liebe dich." Dann hielt sie es hoch. "Schau, wir sind in Dubrovnik und Papa wird heute 80. Wir sind am Ort eurer Hochzeitsreise. Das hat er sich so für den heutigen Tag gewünscht. Ich weiß, er liebt dich auch immer noch."

"Mit wem sprichst du?", hörte Bini plötzlich die Stimme ihres Vaters hinter sich.

Schnell stellte sie das Bild auf den Tisch und fuhr herum, lief auf ihn zu und warf sich in seine Arme. "Alles Liebe zum Geburtstag, Papa. Bleib immer schön gesund, denn du wirst hier auf Erden noch gebraucht." Dann blickte sie zu Boden. "Ich habe mit Mama gesprochen."

Ihr Vater drückte sie fest und wischte sich eine Träne aus dem Gesicht. Dann ließ er sie los und ging auf den Tisch zu. Er nahm das Foto in die Hand und meinte: "Ich weiß, dass du das, was heute passieren wird, verstehen wirst. Es hat ja auch nichts mit dir zu tun. Dich liebe ich bis in Ewigkeit." Er küsste ebenfalls das Bild.

Sabine verstand kein Wort. Ihr Vater nahm den Weg in Richtung Bad. "Ich habe Frühstück für uns zwei bei Harry für 9 Uhr auf dem Balkon bestellt", rief sie ihm hinterher.

"Sei so lieb und bestelle es auf vier Personen um, ja? Ich habe Hilde und Michael eingeladen."

Nun staunte Sabine wirklich, tat aber, was er sagte. Irgendwie war das ja auch klar nach den letzten Tagen. Ihr Smartphone klingelte und sie sah, dass es Annika war.

"Guten Morgen, Bini", ihre Stimme klang noch müde, "Papa hat Geburtstag. Ich wollte dich nur wie jedes Jahr erinnern."

"Ja, ich weiß, er ist gerade aufgestanden und ich habe schon gratuliert, danke."

"Ich schicke gleich noch vier bis fünf wichtige Mails, auf die brauche ich aber im Laufe des Vormittags noch Antworten von dir."

„Heute?" Sabine ging auf und ab in der Suite. „Wir frühstücken jetzt erst und dann ist das ja Papas Tag. Er will mir an Land die Orte der Hochzeitsreise von ihm und Mama zeigen."

Annikas Stimme klang eindeutig überrascht: „Also, ich kann das sicher auch entscheiden, aber sonst wolltest du es immer noch wissen, wenn wir neue Events annehmen."

Sabine nickte. So war sie gewesen. Bei wichtigen Geburtstagen ließ sie sich von ihrer Assistentin erinnern und ewig und ständig hatte sie das Bedürfnis gehabt, alles zu kontrollieren. Sehr deutlich merkte sie, dass sie so nicht mehr sein wollte.

Ihr Schweigen irritierte Annika erst recht: „Ist alles in Ordnung, Sabine?"

Diese fuhr sich durch die Haare. Jetzt nannte Annika sie auch schon Sabine, das war seit Jahren nicht vorgekommen. „Ja, ja, entscheide bitte. Das passt schon."

„Michael hat noch mal angerufen."

„Du hast ihm doch gesagt, dass ich im Urlaub bin?"

„Ja, klar", meinte Annika, „aber er hat irgendwas mit dir zu bereden. Er bat mich, für kommende Woche ein Abendessen für euch einzuplanen. Als ich nach dem Grund fragte, sagte er, es sei privat!"

Sabine schüttelte mit dem Kopf. „Ja, ist gut, das macht jetzt auch nichts mehr. Du, Annika, ich muss jetzt auflegen. Mache aber bitte erst mal keinen Termin mit Michael."

„Ich wünsche euch einen wunderschönen Tag in Dubrovnik", erklang es aus dem Smartphone, dann legte Annika kopfschüttelnd auf.

Sabine öffnete die Balkontür und sah, dass sie vor einer kleinen Insel lagen, die über und über mit Grün bewachsen war. In der Ferne konnte sie die steinernen Befestigungsmauern von Dubrovnik erkennen. Von Hilde und Michael war noch nichts zu sehen. Sabine ging wieder in die Suite und machte für sich und ihren Vater einen Kaffee. Er lächelte dankbar, als sie ihm die Tasse reichte. Dann bestand sie darauf, dass ihr Vater endlich ihre Geschenke auspackte. Neugierig öffnete Werner das erste Päckchen.

„Ein neues Smartphone?", staunte er. „Aber mein altes ist doch noch gut!"

„ Papa! Dein Akku ist doch ständig alle. So musst du nicht ständig neu aufladen und es hat auch ein paar ganz neue, spannende Features, die zeige ich dir gern."

„Was soll ich denn in Husum mit neuen Features?", schmunzelte ihr Vater, aber Sabine merkte, dass er sich trotzdem freute.

„Ich richte es nachher für dich ein."

Ihr Vater griff nach dem zweiten Paket, das deutlich größer war. Gespannt schüttelte er es. Sabine lächelte. So hatte sie als Kind immer ihre Geschenke geöffnet. Sie hatte sie erst geschüttelt und wenn sie nichts hören konnte, wie wild das Papier kaputtgerissen. Ihr Vater ging wesentlich behutsamer vor. Zum Vorschein kam schließlich eine neue Lederweste.

„Ist die schön", fand Papa, „aber meine alte ist doch noch gut."

„Die kannst du dann ja künftig im Garten tragen", schlug Sabine vor und lächelte. Werner stand auf und drückte sie innig, als es an der Kabinentür klopfte. Harry trat lächelnd mit seinem Wägelchen ein und gratulierte erst einmal überschwänglich. Dann kramte er in seiner Tasche und zog einen kleinen Fisch aus Stein heraus. „Den habe ich auf Mykonos für Sie gekauft, Mister Werner!"

„Prinz Harry, du bist einfach der beste Butler der Welt", freute sich Papa über diese kleine, aber für ihn große Geste. Stolz stellte er den Fisch auf seinen Geburtstagstisch. Harry freute sich, dass sein kleines Geschenk so gut ankam und begann fröhlich den Tisch auf dem Balkon für das Frühstück einzudecken. Sabine bot ihm Hilfe an, doch er lehnte freundlich ab. Bini schaute über die Reling und sah, dass die ersten Tenderboote schon zu Wasser gelassen wurden. „Wohin gehen wir heute genau?", rief sie über ihre Schulter ihrem Vater zu.

Dieser freute sich gerade über den großen Blumenstrauß auf dem Tisch. „Das besprechen wir gleich beim Frühstück."

Sabine wunderte sich darüber, aber heute war schließlich der Tag ihres Vaters. Da sollte er ruhig bestimmen, was gemacht wurde.

Es klopfte an der Kabinentür. Werner lief eifrig los und öffnete. Die Begrüßung mit Hilde fiel mehr als herzlich aus, wie Sabine fand. Schließlich war Michael an der Reihe. Hilde drückte Sabine, klatschte in die Hände und sagte: „So, mein lieber, lieber Werner, nun singen wir dir alle ein Lied." Sie stimmte die Melodie des Liedes *Wie schön, dass Du geboren bist* von Rolf Zuckowski an, das Sabine noch nie leiden konnte. Aber, sie sang artig mit und ihr Vater hatte seinen Spaß. Nach dem Ständchen reichte Harry Champagner und als er sicher war, dass alles für ein schönes Frühstück vorbereitet war, verließ er die Suite. Die Vier stießen an und Werner bekam noch viele gute Wünsche ausgesprochen.

„Da wir hier alle nun so schön feierlich zusammengekommen sind, möchte ich die Gelegenheit ergreifen und etwas bekannt geben." Nervös räusperte Werner sich.
Hilde strahlte und Sabine und Michael wechselten einen langen Blick. „Hilde und ich kannten uns schon vor dieser Reise. Wir haben uns schon letztes Jahr auf der jährlichen Barkassenfahrt mit der Freya zufällig kennengelernt. Seitdem sind wir freundschaftlich verbunden."

„Das wissen wir", meinte Sabine.

Nun schauten Werner und Hilde überrascht drein.

„Und dann habt ihr euch über uns zwei hoffnungslose Beziehungsfälle unterhalten und beschlossen, uns auf dieses

Schiff zu locken, um uns miteinander zu verkuppeln?", ergänzte Michael und obwohl er eine Frage stellte, war es doch mehr eine Feststellung.

„Na ja", Hilde wand sich, „ja, aber irgendwie auch nicht so ganz, aber eigentlich schon."

Sabine stellte ihr Glas, das bereits leer war, ab. „Papa, war das alles nur Theater mit der Reise nach Dubrovnik, weil du und Mama hier auf Hochzeitsreise wart, zu deinem achtzigsten Geburtstag?"

„Nein, Kind", er kam auf sie zu und nahm sie in den Arm. „Es kam alles zusammen und passte so wunderbar. Bitte, glaube mir das, wirklich!"

Sabine sah das Flehen in seinem Blick und plötzlich spürte sie so viel Liebe für ihn, dass sie zu weinen begann. Aber dieses Mal waren es Tränen der Freude. Werner tröstete sie wie damals, als sie noch ein Kind gewesen und mit dem Fahrrad hingefallen war.

Michael wanderte auf und ab in der Suite und angelte nach der Champagnerflasche. „Ja, alles passte so schön, nur wir passten dann nicht zusammen. Hattet Ihr eigentlich vor, uns das überhaupt mal zu sagen?" Seine Stimme klang plötzlich zornig. Hilde suchte seine Nähe, doch er verschränkte die Arme.

„Machen wir doch gerade", meinte Werner

„Erst passten wir nicht, dann doch, dann wieder nicht und dann eigentlich sehr gut", schniefte Sabine.

„Das ausgerechnet dieses Olga auch noch erscheinen musste", jammerte Hilde, doch niemand beachtete ihre Aussage.

„Zum Schluss hörte ich eben eigentlich ganz gut", versuchte Papa die Situation zu retten.

„Eigentlich", kommentierte Michael und schenkte nur sich Champagner nach und würdigte Sabine keines Blickes.

Werner raufte sich seine wenigen Haare. Dieses Geburtstagsfrühstück hatte er sich anders vorgestellt. Auch Hilde merkte, wie sich die Situation zuspitzte. „Na, was mit euch nun nach der Reise wird, könnt ihr ja selbst entscheiden. Das Weihnachtsfest werdet ihr auf jeden Fall zusammen verbringen, denn es wird dieses Jahr in Husum stattfinden."

„Ja", griff Werner ihre Worte auf, „Hilde und ich werden zusammenziehen. Wir haben nämlich das *Eigentlich* gestrichen und uns auf dieser Reise gefunden. Das war zwar nicht beabsichtigt, da wir beide unsere toten Ehepartner noch lieben, aber wir lieben uns nun auch. So eine Art Liebe 2.0.im Alter." Dabei strahlte er so sehr, dass Sabine nicht böse sein konnte. Erst umarmte sie ihren Vater, dann Hilde, während Michael immer noch wie angewurzelt dastand. Schließlich ging sie auf ihn zu, nahm seine Arme und legte sie um sich. Hilde und Werner zogen sich rücksichtsvoll auf den Balkon zurück. Eine ganze Weile standen Michael und Sabine so da. Keiner sagte ein Wort. Sabine streichelte seinen Rücken. Wieder fühlte er sich so gut an. Kribbelte es? Sie horchte tief in sich hinein. Ein bisschen schon, aber zu wenig, wie sie fand.

„Wenn du so weiter machst, dann mache ich damit weiter, wo wir auf Mykonos aufgehört haben", raunte er ihr ins Ohr und streichelte mit seiner Zunge ihr rechtes Ohrläppchen.

„Wenn Mama und Papa uns nicht gerade beobachten würden, dann wäre das durchaus verlockend", flüsterte Sabine nun doch zurück.

„Lass uns später mal über alles allein ausführlich reden", schlug Michael vor und löste sich von ihr. Er nahm sie bei der Hand und führte sie auf den Balkon. Dann umarmte er erst seine Mutter fest, dann Werner. Hilde fiel ein Stein vom Herzen, dass nun die Wahrheit heraus war. Sie überreichte schließlich Werner ihr Geburtstagsgeschenk. Es war eine neue Armbanduhr, weil sein altes Lederband schon so verschlissen war. Werner freute sich und küsste sie auf dem Mund. *Wie passend*, dachte Sabine, *eine neue Zeit beginnt*, doch sie fühlte dabei keinen Groll. Sie sah Michael über den Frühstückstisch an und zwinkerte ihm zu. Dann reichte sie den Korb mit den Brötchen herum, sie wollte endlich entspannt frühstücken.

Sie hatten gerade ihr Frühstück beendet und suchten ihre Sachen für den Landgang zusammen, als Sabines Handy klingelte. Sie sah, dass es Ralf war und ging natürlich ran.

„Sabine", klang seine Stimme fröhlich aus dem Gerät, „wo seid ihr denn?"

„Na, wir liegen heute in Dubrovnik. Papa hat Geburtstag, das weißt du doch?"

„Ich sehe euch aber nicht", war seine Antwort. „Hübsches Schiff übrigens, zumindest aus der Ferne."

Sabine blieb kurz die Luft weg. War Ralf etwa nach Dubrovnik geflogen? Aber, warum? Doch nicht wegen des Geburtstags ihres Vaters. Er hatte ihn bisher vielleicht fünfmal in seinem Leben getroffen. „Wo bist du?"

„Ich stehe hier am Hafen, wo die Tenderboote der Sea Princess ankommen und warte auf euch!"

„Was machst du hier?", Sabines Stimme klang ungehalten, aber zugleich auch aufgeregt.

„Ich bin gekommen, um mit dir und Papa Geburtstag zu feiern. Das war so eine ganz spontane Idee. Ich bin gestern schon angekommen und fliege morgen wieder nach Berlin zurück. Freust du dich?"

Sabine hörte in sich hinein. Ja, sie freute sich und sie verspürte ein Kribbeln im Magen. Schon das zweite Mal an diesem Morgen und beim zweiten Mann. Das konnte nicht wahr sein und noch ein heiterer Tag werden!

„Etwas überraschend ist das jetzt", antwortete Sabine.

„Ja, klar, ich wollte euch ja auch überraschen. Kommt ihr gleich an Land?"

„Ähm, ja, aber wir kommen nicht allein. Hilde wird bei uns sein und ihr Sohn Michael. Hilde ist seit heute offiziell die neue Frau an Papas Seite und Michael also eine Art Stiefbruder."

„Das nenne ich eine interessante Kreuzfahrt", meinte Ralf, „bis gleich." Dann drückte er den Ausknopf.

Er hoffte inständig, dass er nicht zu spät kam. Gleich nach dem Gespräch mit Sabine auf Mykonos hatte er sich mit ihrer Assistentin telefonisch verständigt. Als auch Annika seinen Eindruck bestätigte, dass irgendetwas mit ihrer Chefin nicht in Ordnung sein musste, weil sie kaum arbeiten würde, erkannte er, dass, wenn Sabine jemals seine Freundin werden sollte, nun gehandelt werden musste. Er hatte aber keinen Flug mehr nach Kotor bekommen, und so musste er einen ganzen Tag verschenken und bis Dubrovnik warten. Das hatte ihm nicht gefallen, denn er fühlte, dass es bei dieser Reise auf jede Minute ankommen würde. Sabines Vater hatte offensichtlich schon ein neues Glück gefunden, aber ob Sabine diesen neuen Michael wirklich als reinen Stiefbruder betrachtete? Da war er sich mehr als unsicher. Immerhin hatte sie ihn beim letzten Telefonat Micha genannt.

Wieder klingelte Sabines Smartphone. Sie sah, dass es ihr Ex-Mann war, nahm das Gespräch aber entgegen.

„Hallo Bini", Michas Stimme klang wie immer. „Du, ich kann deinen Vater nicht erreichen. Der wird doch heute 80 und ich wollte ihm gratulieren."

„Ich bin auf Kreuzfahrt mit Papa in der Adria, aber ich gebe ihn dir", sagte sie sachlich, aber kurz angebunden. Dabei klang ihre Stimme ruhig.

„Das ist aber nett", hörte sie ihn noch sagen, kommentierte es aber nicht, sondern reichte ihr Smartphone weiter.

„Papa", rief Sabine, „Micha ist am Telefon!"

„Wieso ruft der denn an und klopft nicht einfach an", schüttelte Papa mit dem Kopf.

„Es ist Micha, Michael Berg, dein ehemaliger Schwiegersohn", zischte Sabine, nun doch aufgebracht.

„Hallo, Michael der Erste, hier ist Papa."

Sabine hatte keine Lust, weitere Gesprächsdetails zu hören und ging auf den Balkon. Sie sah hinüber auf das Festland. Dort stand Ralf und wartete auf sie. Aber, tat er das wirklich oder war er tatsächlich wegen ihres Vaters gekommen? Wie so oft in dieser Kreuzfahrtwoche überschlugen sich die Gedanken und sie wusste nicht mehr, was sich richtig und was sich falsch anfühlte.

„Können wir denn los?", Michael erschien auf dem Nachbarbalkon.

„Papa hat gerade noch einen Anruf, dann ja." Sabine hatte jetzt wirklich keine Lust, ihm zu erklären, wer der Anrufer war. Ihr wurde aber klar, dass jetzt eine gute Gelegenheit war, ihn auf Ralf vorzubereiten. „Ach, so, ähm, wir gehen dann heute zu fünft auf Papas ehemaligen Spuren durch Dubrovnik."

Michael sah sie erstaunt an.

„Also, Ralf wartet drüben am Ufer. Er wollte so gern mit Papa und mir heute den Geburtstag feiern. Ich wusste das auch nicht", antwortete Sabine ihm und zuckte hilflos mit den Schultern.

„Ralf?", echote Michael. „Dein Blumengießer, wie Mama ihn immer nennt?" Die Eifersucht in seiner Stimme war nicht zu überhören.

„Ja, Ralf, ich erwähnte doch, dass wir nur Freunde sind und seit Jahren nebeneinander wohnen? Er ist wirklich nur ein Freund."

„Und der fliegt einfach so nach Dubrovnik? Na, die armen Blumen." Nach diesem Satz wandte sich Michael ab und ging in seine Suite. Es war offensichtlich, dass er sauer war.

„Sabine, schöne Grüße noch von Micha. Er konnte gar nicht glauben, dass du freiwillig mit mir eine Woche auf Kreuzfahrt bist", krähte ihr Vater fröhlich aus der Kabine.

„Freiwillig bestimmt nicht", knurrte Sabine vor sich hin, aber so leise, dass es ihr Vater nicht hören konnte. „Wir müssen jetzt mit dem Tenderboot an Land fahren. Ralf wartet dort übrigens."

„Ralf aus Berlin? Der Blumengießer? Was macht der denn hier?", wollte Papa wissen.

„Er will mit dir Geburtstag feiern", antwortete Sabine kurz.

Werner zog seine neue Lederweste über und schloss noch kurz den Tresor auf, damit beide ihre Geldbörsen entnehmen konnten.

„Jetzt wird es langsam interessant", feixte er und knuffte seiner Tochter sehr sanft mit dem Ellenbogen in die Rippen.

„Find ich überhaupt nicht", log Sabine, konnte sich dennoch ein Grinsen nicht verkneifen.

Es klopfte an der Kabinentür. Sabine öffnete und sah, dass Hilde und Michael schon fertig waren für den Landgang. Ihr Vater hatte es auch gehört und so machten sie sich alle auf den Weg nach Deck 1, wo die Tenderboote in Richtung Land ablegten.

Am Ausgang des Schiffes mussten sie nicht lange warten. Fast alle anderen Gäste der Sea Princess schienen schon an Land gegangen zu sein und so hatten sie das Tenderboot fast für sich allein. Lediglich ein Ehepaar mittleren Alters aus Kanada fuhr mit ihnen hinüber. Die Seeleute lösten die Leinen. Der Kapitän des Tenderbootes, heute war es der 1. Offizier, wie Sabine an den Streifen auf seiner Schulter erkannte, betätigte das Bugstrahlruder und schon löste sich das Boot von der kleinen, ausklappbaren Pier des Kreuzfahrtschiffes. Der Offizier gab Gas. Michael turnte zum

Heck des Tenderbootes. Er musste sich gut festhalten, denn das Boot schaukelte beachtlich, obwohl kaum Seegang war. Begeistert schoss er mit seinem Smartphone ein paar Bilder der Heckwelle und von der immer kleiner werdenden Sea Princess. Werner saß Arm in Arm mit Hilde auf einer Bank und summte fröhlich das Lied *Nimm mich mit Kapitän auf die Reise*. Hilde lachte und kuschelte sich liebevoll an ihn. Sabine betrachtete die Zwei und kramte schließlich auch ihr Smartphone aus der Tasche. „Kommt, ich mache mal ein Bild von euch. Das erste offizielle."

„Das ist aber lieb", fand Hilde, „aber du sollst auch mit drauf."

„Wir machen ein Selfie zu viert", schlug Michael vor, der inzwischen vom Heck zurückgekehrt war. Es war gar nicht so ganz einfach, da sie sehr zusammenrücken mussten, aber irgendwann lachten sie alle in die Kamera. Im Hintergrund waren bereits die Stadtmauern von Dubrovnik zu erkennen. Schließlich legte das Tenderboot an. Werner deutete auf das alte Gemäuer. „Sie gehen um die ganze Stadt, also das möchte ich mit euch jetzt als Erstes einmal machen. Man hat einen herrlichen Ausblick von dort oben, bestimmt auch auf unser Schiff."

Hilde nickte begeistert und Werner half ihr galant auf den Steg.

„Werner, hallo Werner", hörten sie eine männliche Stimme.

Sabines Magen zog sich ein klein wenig zusammen, als sie Ralf hörte. Mit großen Schritten lief er auf ihren Vater zu. Sie betrachtete ihn, als ob sie Ralf zum ersten Mal sehen würde. Seine dunklen Locken wippten bei jedem Schritt, denn wie immer trug er sein Haar ein wenig länger. Er war ganz in weiß gekleidet und braungebrannt. Sie fand, dass er noch nie so gut ausgesehen hatte wie in diesem Moment.

Anscheinend bemerkte auch Michael, dass sein Konkurrent durchaus attraktiv war, denn Sabine hörte, wie er hörbar die Luft einsog. Unterdessen gratulierte Ralf überschwänglich und Werner klopfte ihm freundschaftlich auf die Schulter, wie es eben so seine Art war. Dann stellte er Hilde vor und Ralf meinte: „Na, ihr habt ja ein Tempo, verlobt nach sechs Tagen auf See."

„Ganz so war es nicht", Hilde winkte Michael herbei, der Ralf freundlich, aber mit Distanz die Hand schüttelte. Als Sabine die zwei Männer das erste Mal nebeneinanderstehen sah, fühlte sie sich völlig verwirrt. In wen war sie wirklich verliebt? Sie wusste es nicht! Dann kam Ralf auf sie zu. Ihr Herz klopfte bis zum Hals. Er lächelte und sie nahmen sich wie immer freundschaftlich in die Arme. Nur heute fühlte es sich für Sabine anders an. Es war nicht mehr neutral, ohne Gefühle und auch sein Kuss auf ihre Wange dauerte deutlich länger.

„Du machst ja Sachen", meinte sie schließlich.

„Endlich mache ich mal Sachen", bekam sie zur Antwort und der Blick, mit dem er sie ansah, ließ ihr das Blut in den Adern gefrieren.

„Wir besichtigen jetzt die Stadtmauern, Leute", rief Werner, nahm Hilde an die Hand und begab sich schnurstracks in Richtung Aufgang. Sabine folgte in einigem Abstand mit Michael an der einen und Ralf an der anderen Seite.

„Ich habe so ein schönes Appartement hier mitten in der Altstadt gefunden. Es ist im Dachgeschoss und hat einen kleinen Balkon. Man hat das Gefühl, mitten in den Stadtmauern zu sein. Und unter mir befinden sich die kleinen Gassen, wo am Abend das Leben tobt und man so herrlich essen und Wein trinken kann." Ralf redete wie ein Wasserfall. „Am liebsten würde ich da heute mit euch essen, das wäre eine coole Location für Papas Geburtstag."

„Unser Schiff legt um 18 Uhr ab und wir werden ein BBQ an Bord haben mit einer großen Poolparty", war Michaels sachliche Antwort.

Sabine zuckte bedauernd mit den Schultern.

„Na, Dubrovnik ist ja nicht aus der Welt, Bini. Wir können ja auch einfach mal für ein Wochenende herfliegen, die Verbindung ist super ab Berlin."

Diese Ansage von Ralf hatte gesessen. Michaels Miene verfinsterte sich und Sabine grübelte, aber sie konnte sich nicht erinnern, jemals für ein Wochenende mit Ralf irgendwo hingefahren zu sein. Nun war sie sich ganz sicher, er war ihretwegen gekommen, weil er Angst zu haben schien, dass sich zwischen ihr und Michael etwas anbahnte, was tatsächlich ja schon geschehen war.

„Mal sehen", war ihre kurze, aber diplomatische Antwort.

Endlich hatten sie alle Stufen erklommen und standen nun auf der Stadtmauer von Dubrovnik. Werner mimte frohgelaunt den Reiseleiter. „Dubrovnik ist eine der schönsten Städte im Mittelmeerraum. Heute ist die Altstadt autofrei, das war damals noch nicht so, als ich meine Hochzeitsreise hierher machte. Die Stadtmauer, auf der wir jetzt stehen, ist insgesamt, glaube ich, fast 2.000 Meter lang und komplett begehbar. Wir müssen sie aber natürlich nicht komplett umrunden, es wird jetzt ja auch schon ziemlich warm. Aber in der Mauer vereinen sich alle Perioden der Stadtgeschichte, beginnend ab dem 7. Jahrhundert."

„Wie schade, dass wir nicht länger bleiben können", meinte Hilde. „Nachts muss es hier total romantisch sein."

„Das ist es, habe ich eben Bini schon erzählt", stimmte Ralf zu.

„Ich finde Mykonos viel romantischer", warf Michael ein und suchte den direkten Blickkontakt zu Sabine. Diese blickte verlegen zu Boden.

Ralf bemerkte es und fragte sich insgeheim, ob er nicht doch zu spät gekommen sei.

„Die ganze Altstadt ist UNESCO Weltkulturerbe", fuhr Werner fort, als ob er die Kommentare nicht gehört hatte. Wir gehen jetzt mal vor bis zum Eingang der Altstadt, dem Renaissance-Pile-Tor. Dann steigen wir die Treppen hinunter und bummeln ein wenig auf der Stradun herum. Das ist die Fußgängerzone mit zahlreichen Geschäften und Restaurants."

Er ging vor mit Hilde an der Hand und Sabine und ihre zwei Männer trotteten hinterher. Ihr kam wieder der Song von Michael Schanze in den Kopf und sie dachte: *Es sind nicht mehr drei. Meinen Ex-Mann kann ich definitiv ausschließen.*

Sie hatte nichts gefühlt am Morgen, als sie seine Stimme am Telefon gehört hatte. Dann sah sie verstohlen die zwei Männer an ihrer Seite an, die unterschiedlicher nicht sein könnten. Sie wollten sie beide, das war nun klar. Mit fast 50 konnte sie noch mal zwischen zwei tollen Männern wählen, die es beide ernst mit ihr meinten. Sie konnte es kaum fassen. Doch sie wusste immer noch nicht, was sie wollte. Inzwischen waren sie an dem von Werner erwähnten Tor angekommen und stiegen die Stufen hinab in die Altstadt. Plötzlich nahm Ralf Sabine unvermittelt in den Arm und meinte: „Komm, wir machen ein Selfie!"

Auch das war noch nie vorgekommen, aber sein Arm auf ihrer Schulter fühlte sich irgendwie gut an. Sie lächelten in das Smartphone und Michael sah unendlich genervt aus. Werner und Hilde taten, als ob alles normal war. Eine Weile bummelten sie durch die Gassen. Michael kaufte heimisches Olivenöl und strahlte plötzlich wieder. Seine Begeisterung bei der Verkostung vor dem Kauf kannte keine Grenzen. „Das ist rein, wisst ihr, total rein."

„Micha ist Koch", erklärte Sabine Ralf, der ein wenig seltsam schaute und lieber die Probierweine der Reihe nach testete. Er schenkte auch Sabine ein und diese kippte ganz gegen ihre Gewohnheit die Gläser hinunter wie Wasser. Werner beobachtete es und nahm sich vor, auf seine Tochter gut aufzupassen an diesem Tag. Notfalls würde Hilde sie höchst persönlich wieder zu Bett bringen, wie vor einigen Tagen in Kotor. Schließlich gab Hilde bekannt, dass ihr Magen knurrte und ob sie nicht vielleicht in eines der kleinen Restaurants in den heimeligen Seitengassen einkehren wollten. Werner nahm den Vorschlag sofort an und nur kurze Zeit später saßen sie in einer lauschigen Gasse, in der wilder Wein rankte, und nahmen auf rustikalen Holzbänken Platz. Werner orderte gut gekühlten Weißwein und nach einem kurzen Blick in die Speisekarte entschieden sie sich alle für Ražnjići, das mit Reis und Tomaten serviert wurde. Die verschiedenen Stücke Fleisch am Spieß waren perfekt gegrillt und speziell Sabine griff beim Ajvar reichlich zu. Das war eine scharfe Paste, die aus Paprika und Auberginen hergestellt wird und einfach herrlich zum Fleisch schmeckte. Den Durst löschte sie mit dem Weißwein, bis Werner schließlich dezent eine Flasche Mineralwasser nachbestellte und ihr gleich das Glas vollgoss.

„Papa, ich bin fast 50 Jahre alt", beschwerte sie sich.

„Das weiß ich, da fängt das an, dass man mittags nicht so gut den Wein verträgt."

Sabine kicherte albern.

Ralf sah sie an. „Also, irgendwie hast du dich total verändert in den letzten Tagen."

„Findest du mich jetzt doof?", wollte sie wissen.

„Nein, nein, ganz im Gegenteil. Du bist so locker wie nie und auch mal so leger gekleidet. Eben wie im Urlaub", meinte Ralf und streichelte ihre Hand. Stromstöße durchliefen ihren Körper bei seiner erneuten Berührung.

Michael nahm einen großen Schluck aus seinem Weißweinglas. „Ja, Frauen verändern sich, wenn der Richtige auftaucht."

Ralf hüstelte dezent und warf seine Serviette auf den Teller. „War das lecker."

Werner und Hilde beobachteten fasziniert den Schlagabtausch der Rivalen.

Sabine erhob sich. „Ich muss mal kurz um die Ecke." Sie betrat das Lokal und der Wirt erklärte ihr in sehr gebrochenem Deutsch, dass sich die Toilette außerhalb befand. Sie durchquerte einen idyllischen Innenhof und fand schließlich ein kleines, aber absolut sauberes, modernes Toilettenhäuschen vor. Als sie sich die Hände wusch, schaute sie in den Spiegel und was sie sah, gefiel ihr. Sie wirkte mindestens 10 Jahre jünger und sah absolut entspannt aus. Als sie aus dem Sanitärraum trat, stand Ralf plötzlich vor ihr. In seiner rechten Hand hielt er irgendeine rote Blume, die er sicher aus einem der Pflanzkästen gezupft hatte. Sie sahen sich an. Wortlos reichte er ihr die Blume. Er kam einen Schritt näher. Sabine warf die Arme um ihn und ihre Lippen fanden sich zu einem ersten Kuss. Erst zart, dann immer wilder und leidenschaftlicher. Sie presste sich an ihn und konnte nicht mehr aufhören. Ihm ging es genauso und seine Hände begannen, unter ihr T-Shirt zu wandern. Wohlig stöhnte sie auf, bis plötzlich die Stimme ihres Vaters erklang:

„Schluss jetzt, seid ihr wahnsinnig geworden? Ihr seid doch keine Teenies mehr! Ihr geht jetzt sofort zurück an den Tisch und benehmt euch. Heute ist mein 80. Geburtstag und den möchte ich in Ruhe und Frieden genießen."

„Ja, Papa", antworteten sie im Chor und mussten dann beide herzhaft lachen. Sabine fiel auf, dass, im Gegensatz zu den ersten Urlaubstagen, ihr Vater sie nun ständig maßregelte und nicht mehr umgekehrt. Sie gingen artig zurück in Richtung Restaurant. Bevor sie wieder auf die Straße traten, nahm Ralf kurz noch mal Sabines Hand, führte sie zu seinem Mund und küsste sie. „Ich würde mir wünschen, diese Nacht heute mit dir zu verbringen."

„Ich auch", hauchte sie, „aber das geht ja leider nicht."

Als die Sea Princess um 18 Uhr ihre Position vor Dubrovnik verließ, stand Sabine auf dem Balkon und starrte hinüber zur Altstadt. Sie war sich sicher, dass auch Ralf irgendwo auf der Stadtmauer stehen würde und dem Schiff und damit ihr nachsah. Nach dem Mittagessen waren sie alle noch ein wenig zusammen durch die Stadt gebummelt, hatten die St. Blasius-Kirche besichtigt und am Hafen noch zusammen einen Kaffee getrunken. Es gab keine Gelegenheit, mit Ralf nochmals allein zu sprechen und überhaupt war sie nach den heimlichen Küssen nur noch wie in Trance durch die Stadt gewandert. Der Abschied von Ralf brachte eine Umarmung und ein Küsschen auf die Wange unter strenger Aufsicht von Papa und Michael. Dann war das Tenderboot aus dem Hafen gefahren und Ralf wurde am Ufer kleiner und kleiner. Sabine war froh, den Balkon für sich allein zu haben. Ihr Vater war nach dem doch schweißtreibenden Landgang unter die Dusche gegangen und Hilde hatte darauf bestanden, dass Michael sie zum allabendlichen Bingo begleitete, was sie liebte und bisher fast jeden Abend verpasst hatte. Es kribbelte total in Sabine, wenn sie an die Küsse mit Ralf dachte. Sie griff zu ihrem Smartphone, machte ein Foto in Richtung Dubrovnik und sendete es an Ralf mit dem Kommentar:

Du hast mich heute ganz schön umgehauen, warum nicht früher?

Nur zwei Sekunden später piepte ihr Telefon und Sabine sah ein Bild von ihrem Schiff auf dem Meer. Neugierig las sie den Text:

Ich liebe Dich schon lange, ich war nur zu zurückhaltend. Mach Dir morgen noch einen schönen Tag in Koper. Soll ich Dich übermorgen vom Flughafen abholen?

Sabine strahlte, überlegte aber kurz. Sie wusste nicht, ob Michael auch den gleichen Rückflug wie sie hatte. Darüber hatten sie noch gar nicht gesprochen. Es war aber wahrscheinlich. Sie wollte auf jeden Fall verhindern, dass die zwei Männer noch einmal aufeinanderträfen. Sie schickte schließlich einen Herzchensmiley und schrieb:

Ich melde mich morgen deswegen, Kuss Bini.

Es war ihr klar, dass sie feige war. Ralf hatte ihr soeben seine Liebe gestanden und sie eierte herum und ließ sich weiterhin beide Möglichkeiten offen. So bekam sie auch nur einen ganz normalen grinsenden Smiley zurück. Ihr Vater kam auf den Balkon. Passend zur *White Night* war er ganz in Weiß gekleidet und Sabine fand, dass er erstaunlich jung und rüstig aussah. „Willst du auch noch duschen?", fragte er und folgte ihrem Blick, der auf die inzwischen weit entfernte Stadt gerichtet war. Sabine nickte.

„Du musst eine Entscheidung treffen, Sabine. Ich mag beide Jungs. Nur weil ich mit Hilde demnächst in einer Lebensgemeinschaft wohne, müssen du und Michael nicht auch zwingend ein Paar werden, wenn wir uns das auch zu Beginn so ausgedacht haben. Der Blumengießer ist auch wirklich reizend und beide Männer sind ehrlich und aufrichtig an dir interessiert. Und dazu bereits in dich verliebt."

Sabine warf sich in die Arme ihres Vaters, aber dieses Mal weinte sie nicht. „Du hast recht, aber ich weiß immer noch nicht wirklich, wen ich will. Wobei eine Tendenz hat sich heute abgezeichnet." Sie hasste sich selbst dafür, dass sie jetzt wieder in diesen Business-Jargon verfiel. Eine Tendenz hat sich abgezeichnet, was für ein Blödsinn.

Werner streichelte seiner Tochter über den Rücken. „In solchen Momenten vermisse ich meine Elisabeth. Mama wüsste sicher, wer besser zu dir passt. Hilde ist da natürlich voreingenommen, aber sei dir sicher, so wie du entscheidest, ist es auch für sie in Ordnung."

Beide schauten automatisch hinauf zum Himmel.

„Wir haben heute gar nicht an sie gedacht", sagte Sabine, und ihre Stimme klang schuldbewusst.

„Ich schon, die ganze Zeit, aber wir haben doch gesagt, dass nun eine neue Zeit anbricht, oder, mein Kind?"

Sabine gab ihrem Vater einen Kuss auf die Wange. „Ich gehe rasch duschen, die Party an Deck beginnt ja schon in einer halben Stunde."

„Mach das, ich warte hier auf dich."

Unter der Dusche fiel Sabine plötzlich der Song von Nenas Lied *Liebe ist* ein. Der war aus dem Jahre 2005 und sie erinnerte sich, dass sie damals traumhafte Sommertage mit Michael an der Amalfiküste verbracht hatte. Sie erinnerte sich an die ersten Zeilen:

> *Du guckst mich an,*
> *und ich geh mit*
> *und der ist ewig*
> *dieser Augenblick...*

Damals dachte sie noch, dass ihre Liebe für immer halten würde, doch die Zeit hatte es anders bewiesen. Sie horchte in sich hinein. Nein, für ihren Ex-Mann empfand sie gefühlsmäßig wirklich nichts mehr. Interessanterweise jetzt auch keinen Groll, auch nicht auf sein im wahrsten Sinne des Wortes neues Leben. Das Gefühl hatte diese Tage an

Bord irgendwie weggespült. Kichernd stellte sie sich gerade vor, wie er Windeln wechselnd heute den Abend verbringen würde, während sie auf dem Pooldeck dieses wunderbaren Kreuzfahrtschiffes einen tollen Abend im Leben verbringen würde. Dann wanderten ihre Gedanken wieder zu Michael und Ralf und sie sang laut den Refrain von Nenas Lied und wusste immer noch nicht, für wen von beiden Männern.

Liebe will nicht
Liebe kämpft nicht
Liebe wird nicht
Liebe ist

Liebe sucht nicht
Liebe fragt nicht
Liebe ist,
so wie du bist!

Kapitel 7

Koper bringt eine Weltreise

Als Hilde am nächsten Morgen erwachte, überraschte sie die Dunkelheit in ihrer Kabine. Normalerweise war sie es gewöhnt, dass durch den Vorhang zum Balkon schon die ersten Sonnenstrahlen in ihre Kabine traten. Sie hörte ein leises Schnarchen neben sich und ihr fiel wieder ein, dass sie ja bei Werner übernachtet hatte und er hatte in der Suite das innenliegende Schlafzimmer, das kein Licht hineinlies. Wie lange war sie nicht mehr neben einem Mann aufgewacht? Sie fühlte in sich hinein und stellte fest, dass es lange her war. Sie hatten gestern einen schönen Abend mit Michael und Sabine bei der Weißen Nacht an Deck verbracht. Das BBQ war fantastisch gewesen. Die Köche hatten direkt an Deck gegrillt und später gab es Musik und Tanz. Sie fand, dass es ein würdiger Abschluss von Werners 80. Geburtstag gewesen war. Irgendwann hatten sich Michael und Sabine schließlich verabschiedet und nur zu gern hatten sie die Zwei ziehen lassen. So hatten Werner und sie den Abend für sich gehabt und natürlich die Hoffnung, dass Sabine sich in dieser letzten Nacht endgültig für Michael entscheiden würde. Als die Musik endete, hatten sie noch einige Gläser Wein getrunken und als sie schließlich vor ihren benachbarten

Kabinentüren gestanden hatten, bat Werner Hilde, die Nacht mit ihm zu verbringen. Nur zu gern hatte sie ihm den Wunsch erfüllt und beim Blick in die Kabine stellten sie fest, dass Sabine noch nicht da war. Sie waren beide so aufgeregt, dass sie nicht gleich schlafen konnten. Einige Zärtlichkeiten tauschten sie aus und erzählten sich später Arm in Arm aus ihrem Leben. Hilde war rundherum glücklich und sah ihrem baldigen Umzug nach Husum sehr positiv entgegen. Sie gab Werner einen Kuss auf die Nasenspitze und weckte ihn damit auf. Liebevoll zog er sie an sich. „Ist es schon spät?"

„Ich weiß nicht, es ist ja so dunkel", entgegnete sie.

Werner schaltete die kleine Nachttischlampe an. „Gerade erst 8 Uhr, geht noch."

„Wann legen wir noch in Koper an?", wollte Hilde wissen.

„Erst gegen 10 Uhr. Da haben wir jetzt Zeit für das Bad und ein schönes Frühstück. Wollen wir mal ans Buffet gehen?"

Hilde stimmte begeistert zu und schwang sich erstaunlich schnell für ihr Alter auf die Bettkante wie ein junges Mädchen. Langsam suchte sie ihre Sachen zusammen, die sie im ganzen Schlafzimmer verteilt hatte. Sie schüttelte über sich selbst den Kopf und kam zu dem Schluss, dass so etwas garantiert 50 Jahre her sein musste.

„Ich schaue mal in die Suite, was Sabine macht", meinte Werner und warf sich einfach nur einen Bademantel über. Hilde fand das überaus korrekt und warf ihm eine Kusshand zu. Nur wenige Minuten später war er zurück und grinste. „Sie ist nicht da."

„Ach?"

„Weder im Wohnraum, noch in ihrem Schlafzimmer, noch auf dem Balkon konnte ich meine Tochter erblicken. Dann kann sie ja nur bei deinem Sohn sein", frohlockte er.

Hilde klatschte in die Hände. „Damit ist der Blumengießer Vergangenheit."

„Vorsicht", mahnte Werner, „bei Sabine dauert es manchmal länger und für mich heißt es das jetzt noch nicht."

„Ich mache uns einen Kaffee", bestimmte Hilde, „dann gehe ich rüber, vielleicht ist das Bad ja besetzt?"

Während sie sich an der Kaffeemaschine zu schaffen machte, klopfte es kurz und Harry trat ein. Falls es ihn überraschte, die Älteren hier zusammen anzutreffen, er ließ es sich jedenfalls nicht anmerken und erkundigte sich nach den Frühstücks-wünschen. Als er hörte, dass sie einen Besuch im Buffetrestaurant planten, zog er sich zurück. Hilde und Werner traten mit ihren gefüllten Kaffeebechern auf den Balkon. Den Golf von Triest hatten sie schon verlassen und sie befanden sich in der Bucht mit Anlauf auf Koper in Slowenien. Rechts und links war bereits Land zu sehen. Werner nahm am Tisch Platz und streckte sich wohlig. Lächelnd beobachtete er Hilde, die an der Reling stand und auf das Meer sah. Er hätte nicht gedacht, dass er sich in seinem Alter nochmals für eine Frau öffnen könnte. Elisabeths Busunfall war damals so plötzlich gekommen. Jahre hatte er wie in Trance verbracht, doch nun war das Leben zu ihm zurückgekehrt, dabei hatten sie eigentlich ganz andere Pläne gehabt. Sabine und Michael sollten ein Paar werden und plötzlich war er selbst wieder im Pärchen-Modus. Was seine Kumpels aus Husum wohl dazu sagen würden? Sie kannten natürlich alle Hilde als seine Bekannte, aber er hatte ihnen wohlweislich verschwiegen, dass sie mit ihm an Bord gehen würde. Plötzlich winkte ihm Hilde von der Reling aus zu und machte ihm Zeichen, zu ihr zu kommen. Dabei legte sie einen Finger auf ihre Lippen. Werner erhob sich und schlich heran. Als er Hilde erreichte, zeigte diese auf ihren Balkon. Was er sah, erwärmte sein Herz. Arm in Arm lagen Michael und Sabine in der Hängematte. Sie hatten die Augen geschlossen und schliefen noch tief und fest. Anscheinend hatten sie die letzte Nacht an Deck verbracht. Neben der

Hängematte standen eine leere Weinflasche und zwei Gläser. Sie trugen noch die gleichen Klamotten wie am Abend zuvor.

„Ist das nun ein gutes oder ein schlechtes Zeichen?", wisperte Hilde fragend in Werners Ohr.

Dieser überlegte kurz. „Für mich sieht das nicht nach Liebe, sondern nach Freundschaft aus. Überleg mal, wie jung sie sind, wären sie da nicht in Michaels Schlafzimmer übereinander hergefallen?"

Hilde lachte laut auf. „War das früher bei dir so?"

Verlegen schaute Werner zu Boden.

„Ich fand unsere erste Nacht unglaublich schön", strahlte Hilde und küsste ihn so intensiv, dass ihm fast die Luft wegblieb.

Sabine öffnete die Augen. Ein Lachen hatte sie geweckt. Erstaunt stellte sie fest, dass sie nicht in ihrem Bett in der Kabine, sondern in einer Hängematte mit Michael lag. Als sie aufsah, konnte sie erkennen, dass ihr Vater und Hilde sich gerade auf dem Nachbarbalkon leidenschaftlich küssten. Sie drehte sich zu Michael um, doch der schlief noch fest. Ihre Gedanken wanderten zurück zum gestrigen Abend. Nach einem wirklich schönen Essen an Deck, hatte sie sich mit Michael unter einem Vorwand zurückgezogen. Eine Weile waren sie über die Außendecks spaziert, bis Michael schließlich vorschlug, doch auf seiner Kabine noch einen Schlummertrunk zu nehmen. Bei Harry hatte er einen hervorragenden Rotwein bestellt, den er natürlich bei der sanften Luft auf dem Balkon serviert hatte. Michael und sie hatten geredet, geredet und geredet. Über ihre Kindheit, die Jugend, die Teenagerzeit und auch die Zeiten in ihren Ehen. Und natürlich auch über Werner und Hilde und ihre Zukunft. Bei Sabine wuchs im Inneren eine unglaubliche Vertrautheit, doch trotz des Alkohols, stellte sich an diesem

Abend nicht der Wunsch ein, ihm als Frau wieder nahe zu kommen. Sie war irritiert, denn das alles hatte am Morgen doch ganz anders begonnen. Aber auch Michael machte keine Anstalten, sich ihr körperlich zu nähern. Als die Flasche Rotwein ausgetrunken war, schlug er vor, an Deck gemeinsam in der Hängematte zu übernachten. Das fand sie romantisch und stimmte sofort zu. Sie war gespannt auf ihre Gefühle und ob noch etwas passieren würde. Tatsächlich schlief Michael, nachdem er sie fürsorglich in den Arm genommen hatte, sofort ein und Sabine folgte ihm nur kurze Zeit später in das Reich der Träume. Ihr Traum war verwirrend, denn er führte sie zurück in die Ritterzeit ins 18. Jahrhundert. In der Szene, die sie träumte, duellierten sich Ralf und Michael vor einer großen Menge des Volkes. Mitten in der Gruppe stand eine ältere Frau. Sie sah wie eine Hexe aus und Sabine meinte, die Frau von dem Berg von Kotor zu erkennen. Vor dem Kampfplatz war eine Bühne aufgebaut. Der Herrscher der Grafschaft amüsierte sich über das Duell. Als Sabine näher hinsah, erkannte sie in ihm ihren Ex-Mann. Schließlich tötete Ralf Michael mit einem Stoß seines Schwertes mitten ins Herz. Sabine fühlte Schmerz. Der Herrscher stand auf: „Das Duell ist entschieden! Prinzessin Sabine gehört auf immer mir." Er deutete auf Ralf: „Werft ihn in den Kerker, seine Hinrichtung ist für morgen vorgesehen." Michael kam zu ihr, deutete einen Handkuss an und sagte: „Ich sehe dich später in meinen Gemächern." Dann ließ er sie stehen. Sabine dachte so intensiv an diesen Traum zurück, dass sie laut sagte: „Das wird nicht passieren!"

Neben ihr rekelte sich Michael der Zweite genüsslich und unversehrt. „Was wird nicht passieren?" Er gähnte noch müde.

„Ich werde mir nie wieder alte Ritterfilme ansehen", antwortete Sabine.

„Ach so." Michael schien nicht sehr beeindruckt von dieser Erkenntnis.

„Schau mal, unsere Eltern küssen sich, aber wie", sagte Sabine und deutete auf den Nachbarbalkon.

Michael folgte ihrem Blick und freute sich. Schließlich wanderten auch seine Gedanken zurück an den gestrigen Abend. Es war nicht so gewesen, dass er nicht gern das Erlebnis aus Mykonos mit Sabine fortgesetzt hätte. Doch Ralfs plötzliches Auftauchen hatte ihn mehr verwirrt, als er vielleicht zugegeben hätte. Natürlich hatte er bemerkt, dass Ralf Sabine in Richtung Toilette gefolgt war und ihr Blick nach der Rückkehr verriet ihm eindeutig, dass da etwas gelaufen sein musste. So hatte er sich gestern bewusst mit seinen Gefühlen zurückgehalten. Michael wünschte sich, dass Sabine klar und frei zwischen ihnen entscheiden würde. Was brachte ihm eine letzte leidenschaftliche Nacht an Bord, wenn sie sich zurück an Land für ein Leben mit Ralf entschied? So ein Typ Mann war er nicht und würde er auch niemals sein wollen.

Sabine kletterte aus der Hängematte und rief übermütig: „Ei, ei, ei, was seh ich da, ein verliebtes Ehepaar."

Michael war mal wieder erstaunt über ihren Wandel in dieser Woche. Niemals hätte er sich so ein kindisches Verhalten von der aufgestylten Businessfrau vorstellen können, die er im Flugzeug nach Venedig schon beobachtet hatte. Diese neue Seite an Sabine gefiel ihm aber leider viel zu gut. Auch er schwang sich schließlich aus der nächtlichen Schlafstätte. Werner und Hilde unterbrachen den Kuss und lachten herzhaft.

„Guten Morgen", freute sich Sabines Vater.

„Zwei verliebte Ehepaare wären besser", war Hildes Kommentar. Als sie Michaels verzweifelten Blick sah, gab sie jedoch schnell Ruhe. Vermutlich kannte Werner seine Tochter tatsächlich besser.

„Oh, die Altstadt ist ganz nah. Wollen wir gemeinsam zum Frühstück gehen und dann ein bisschen durch die Stadt schlendern?", fragte Bini. Werner und Hilde waren so mit sich beschäftigt gewesen, dass sie das Anlegen gar nicht bemerkt hatten. Hilde nickte begeistert. „Dann beeilt euch, Kinder, es soll heute sehr heiß werden, um die 35 Grad, da möchte ich mittags gern zurück sein. Wir müssen ja auch leider noch packen."

„Das stimmt", meinte Werner, „wie schnell diese Woche doch vergangen ist." In seiner Stimme klang echtes Bedauern mit.

Eine Woche? Sabine durchzuckte es bei Papas Worten. Ihr kam es vor, als ob sie seit Wochen unterwegs wäre. Die letzten zwei Tage hatte sie ihren Laptop nicht einmal aufgeklappt. Sie tröstete sich damit, dass Annika bestimmt alles im Griff hätte und zur Not war sie ja morgen am Nachmittag zurück in Berlin. Sie winkte Michael kurz zu und verließ die Kabine. Dass er keine Anstalten gemacht hatte, sich ihr zu nähern, war ihr recht gewesen. Sie meinte, noch immer Ralfs verlangende Küsse auf ihren Lippen zu spüren. Als sie frisch geduscht aus dem Bad kam, klingelte ihr Smartphone. Sie sah, dass es Ralf war und nahm den Anruf an. „Hi", sagte sie und ihre Stimme klang ein wenig unsicher.

„Bini, meine Liebe, ich hoffe, du hattest einen schönen, aber nicht zu schönen Abend."

Dabei betonte er das Wort *Liebe* und in Sabines Magengegend begann es zu kribbeln und zu tanzen. *Liebe wird nicht, Liebe ist,* dachte sie. „Wir haben halt mit Papa Geburtstag gefeiert und heute sind wir in Koper, da gehen wir spazieren und danach werden die Koffer gepackt."

Von ihrem Übernachtungsplatz sagte sie kein Wort.

„Ja, toll, du landest ja am Nachmittag und dann willst du bestimmt arbeiten. Wollen wir dann am Abend beim Italiener um die Ecke essen gehen?"

Wenn sie eins nicht wollte, dann war es arbeiten! Sie wollte Ralf spüren, fühlen und küssen und all das nachholen, was sie bisher versäumt hatten. Den Nerv, vorher noch essen zu gehen, hatte sie nicht. Morgen Abend würde es auch ein Pizzaservice tun. Für sie jedenfalls. Doch sie traute sich jetzt nicht, das so zu sagen. „Ich kann dich ja anrufen, wenn ich in der Villa bin", schlug sie vor, wieder sorgsam darauf bedacht, dass er und Michael sich nicht noch einmal begegnen würden.

„Okay und noch mal für dich, kann ja sein, dass mein Flieger abstürzt. Ich habe mich an dem Tag in dich verliebt, als ich dich zum ersten Mal gesehen habe. Glaube mir. Michael der Zweite hat mir die Augen geöffnet, deshalb bin ich nach Dubrovnik gekommen. Er ist ein netter Kerl, aber ich hoffe, deine Liebe gehört mir?"

„Ja", hauchte sie und war sich plötzlich ganz sicher. „Sag so was nicht mit einem Absturz, da bekomme ich gleich wieder Angst, dich zu verlieren."

„Wir werden eine wunderbare Zukunft haben, glaube mir. Ich muss jetzt in den Flieger", hauchte er ins Telefon und vollzog ein paar Kussgeräusche. Dann legte er auf.

Sabine stand da und starrte ihr Smartphone an. Sie hatte sich soeben entschieden! Klar war, dass sie unbedingt heute noch mit Michael darüber sprechen musste. Auf dem Spaziergang waren ihre Eltern dabei, da ging es in keinem Fall. Wie sollte sie es ihm nur sagen? Dann wanderten ihre Gedanken zurück zu Ralf. Warum hatte sie nur vorher nie bemerkt, was für ein Juwel da bei ihr fast täglich ein und aus ging? Musste sie dafür erst eine Kreuzfahrt mit Papa machen? Anscheinend schon. Sie setzte sich auf ihr Bett und dachte wieder an diese alte Frau auf dem Berg in Kotor und ihre Worte. Nachdem sich ihr Ex-Mann von ihr getrennt hatte, war sie wie vernagelt gewesen. Erfolg im Job um jeden Preis und möglichst kein Privatleben, das war ihr Plan gewesen. Sie griff zu ihrem Smartphone und rief ihren Ex-Mann an. Erfreulicherweise meldete er sich gleich nach dem zweiten Klingeln. „Michael, ich möchte gleich zur Sache kommen. Ich habe eine Frage an dich. Warum ist das mit dir und Laura eigentlich passiert und warum hast du es erst gesagt, als sie schwanger war?"

„Bini", rief er aus, „die Kreuzfahrt mit Papa scheint dir wirklich gut zu tun. Auf diese Frage habe ich eigentlich schon seit unserer Trennung gewartet!" Dann schilderte er ihr das gemeinsame Leben aus seiner Sicht. Sabine war froh, dass sie saß. Staunend hörte sie zu. War sie wirklich so gewesen? Die perfekte Business-Frau, die von morgens um 8 bis am Abend 20 Uhr nur gearbeitet hatte? Die zusätzlich mindestens fünf Arbeitsessen in der Woche gehabt hatte, wenn nicht gerade noch zusätzlich ein Event zu begleiten war? In gemeinsamen Urlauben hatte sie täglich mehrmals mit Annika telefoniert und wenn mal Zeit war, dann hatte sie ihn mit Firmenproblemen beschallt. Die körperliche Nähe hatte irgendwann ganz aufgehört, aber nach Michaels Schilderungen hatten sie zwei Jahre vor der Trennung das letzte Mal so etwas wie ehelichen Verkehr gehabt. Er gab zu, dass es nicht in Ordnung war, dass er eine Affäre begonnen hatte, aber er hatte sich einfach einsam und verloren gefühlt. Das Kind sei nicht geplant gewesen, sie hatten verhütet, aber er hatte es schließlich als Wink des Schicksals betrachtet und dann entschieden.

„Ja, es stimmt, was du sagst", murmelte Sabine.

„Ist alles in Ordnung?" Michaels Stimme klang besorgt.

„Ja, ich habe mich verliebt!"

„Oh, schön", ihr Ex-Mann freute sich sichtlich. „Hast du jemand auf dem Schiff kennengelernt?"

„Das schon, aber er ist nicht der Richtige. Es ist Ralf", vertraute sie Michael an.

„Ralf? Ich wusste schon immer, dass er in dich verliebt ist, auch als wir noch zusammen waren. Männer sehen so etwas. Wie schön, dass ihr den Weg zueinander gefunden habt. Wie kam das denn?"

„Der Verrückte ist für einen Tag nach Dubrovnik geflogen, angeblich um mit Papa Geburtstag zu feiern." Sabine lachte laut auf.

Auch Michael lachte. „Lass uns mal auf ein Abendessen treffen, wenn du zurück bist, muss ja nicht bei uns sein, wir können auch in ein Lokal gehen."

„Vielleicht können Ralf und ich ja gemeinsam zu euch nach Hause kommen? Das Baby würde ich schon gern mal sehen."

„Ach, wunderbar. Laura wird sich freuen, weißt du, sie hat wirklich ein schlechtes Gewissen dir gegenüber, schon die ganze Zeit. Vielleicht schüttelt sich nun alles und wir werden Freunde?"

Michaels zaghafter Vorschlag gefiel Sabine sehr. „Ich melde mich nach unserer Rückkehr", sagte sie und drückte den Aus-Knopf.

Als sie aufschaute, sah sie direkt in das Gesicht ihres Vaters, der die ganze Zeit im Türrahmen gestanden haben musste, ohne dass sie ihn bemerkt hatte. Schuldbewusst senkte sie den Blick. Er setzte sich neben sie auf das noch ungemachte Bett und drückte sie. „Es ist alles in Ordnung, Sabine. Es ist deine Entscheidung und es ist dein Leben. Ich möchte nur, dass du es Michael dem Zweiten schonend beibringst. Das hat er verdient und er gehört ja quasi nun auch zur Familie, auch wenn er nun nicht mehr der Zweite wird. Versprich mir das."

Sabine begann zu weinen, doch es war wieder mehr vor Glück. „Das mache ich", schniefte sie, „ganz bestimmt."

„Aber bitte nicht jetzt beim Frühstück oder auf dem Ausflug. Das müsst ihr allein klären", bestimmte Papa.

„Okay", versprach sie, „kannst du dann aufhören, ihn Michael den Zweiten zu nennen?"

„Sobald du ihm gesagt hast, dass er nicht der Zweite wird, schon", lächelte Papa verschmitzt.

Nur kurze Zeit später verließen die Vier die Sea Princess, die heute komfortabel an der Pier lag. Im Hafen lauerten schon die lokalen Händler mit ihren Souvenirs. Bini und Hilde stürmten sofort auf die Stände zu. Lachend probierten sie an einem Stand weiße Hüte auf, die so groß wie Wagenräder waren. Michael machte eifrig Fotos.

„Die kaufe ich euch jetzt, ihr seht fantastisch aus und es ist bestimmt ein guter Sonnenschutz", befand Werner.

Die weißen Hüte hatten eine türkisfarbene Krempe und Sabine und Hilde behielten die Hüte gleich auf, denn ihre Frisuren waren jetzt ohnehin ruiniert. Gut gelaunt verließ das Quartett den Hafen und nahm den Fahrstuhl, der sie nicht nur über die Straße, sondern auch in die Altstadt von Koper brachte. Nachdem sie eine Weile gegangen waren, erreichten sie einen großen Platz.

„Das muss der Tito-Platz sein", meinte Hilde, „Arsenio hat ihn in seiner Ausflugspräsentation vorgestellt."

„Richtig", stimmte Werner zu, „und wie eindrucksvoll ist dieser Prätorenpalast!"

„Schaut mal, da oben steht sogar die Justitia", staunte Sabine.

Michael trat hinter sie und zog ihren Hut so hinunter, dass er die Augen bedeckte.

„Was soll das?", lachte Sabine.

„Nun kannst du nichts sehen, sondern in Ruhe abwägen, eben wie die Justitia."

„Du nun wieder", konterte Sabine.

„Weißt du, ich habe jetzt schon ein wenig Angst vor deinem Schwert."

„Michael, nun lass uns doch mal diesen Ausflug genießen", bat Hilde, die sich vor einem Eklat mitten auf diesem schönen Platz fürchtete. Sabine rückte ihren Hut zurecht und tauschte einen langen Blick mit ihrem Vater. Michael sah es und auf einmal wusste er, dass er verloren hatte. Enttäuschung machte sich in ihm breit. „Seid mir nicht böse, ich gehe zurück aufs Schiff", gab er bekannt, drehte sich um und stapfte die kleine Gasse entlang, durch die sie gekommen waren. Werner, Hilde und Sabine setzten ihren Spaziergang durch die Altstadt fort. Die Gassen waren eng und verwinkelt. Viele regionale Läden boten ihre Spezialitäten an, doch es war einfach zu heiß. Irgendwann erreichten sie ein kleines Lokal, in dem nur Einheimische saßen.

„Da gehen wir jetzt hinein, ich kann nicht mehr", gab Werner schnaufend bekannt.

Nur zu gern folgten ihm Sabine und Hilde ins Innere. Erschöpft ließen sie sich an einem Tisch nieder. Hilde nahm ihren Hut ab und fächelte allen Luft zu. Die Bedienung trat an den Tisch und Sabine bestellte für alle ein lokales Bier. Erst jetzt bemerkten sie, dass hier eine Klimaanlage lief. Sie atmeten auf. Nach den ersten gierigen Schlucken stand Sabine auf und ging in Richtung Toilette. Auf dem Rückweg warf sie einen Blick in die Vitrine an der Bar und bestellte für alle spontan eine kleine Wurst- und Käseauswahl. Hübsch drapiert wurden die Speisen kurze Zeit später am Tisch serviert und das Trio genoss es, hier und da ein wenig zu picken. Hunger hatte niemand, aber es schmeckte fantastisch. Hilde orderte eine zweite Runde Bier. „Du hast dich entschieden, oder?" Kauend sah sie Sabine an. In ihrem Blick lag kein Vorwurf, sondern echtes Interesse.

„Ja", Bini beschäftigte sich intensiv damit, ihre Serviette zu falten.

„Also nicht für Michael?" Hildes Frage klang eher wie eine Feststellung.

„Nein, ich …", weiter kam Sabine nicht, denn Hilde ergriff ihre Hand. „Du musst dich hier für nichts rechtfertigen. Liebe kann man nicht erzwingen, die kommt oder kommt eben nicht. Dafür kann man nichts. Für mich und deinen Vater kam sie plötzlich, das war auch nicht geplant. Dass wir euch gern als Paar gesehen hätten, ist klar, aber in erster Linie wollen wir euch glücklich sehen."

Sabine sah auf und Hilde direkt in die Augen. Eben war es fast so, als ob ihre Mutter zu ihr gesprochen hätte. Nun ja, Hilde war jetzt ja auch so etwas wie ihre neue Mutter. Sabine sprang auf, warf sich in Hildes Arme und begann zu weinen. Hilde streichelte ihre Rücken und redete beruhigend auf sie ein. Werner orderte drei Slibowitz und das erste Mal bei dieser Reise protestierte Sabine nicht, als ihr Vater Schnaps trank. Er war jetzt 80 Jahre alt und bestimmt würden sie noch ein paar schöne Jahre haben. Warum sollte sie sich immer wie seine Krankenschwester aufführen?

„Auf ex", ordnete Werner an.

Sie tranken und Hilde und Sabine schüttelten sich wie nasse Hunde. Sabine setzte sich wieder auf ihren Platz und schnäuzte geräuschvoll in ein Taschentuch, das ihr Vater ihr reichte. „Es war so toll auf Mykonos mit Michael, aber als ich Ralf gesehen habe, da ahnte ich schon, dass da mehr war. Wie blöd, ich führe mich auf wie ein Teenie und werde im Herbst 50 Jahre alt!"

„Für die Liebe ist man nie zu alt, mein Kind", sagte Papa. „Das habe ich auf dieser Reise gelernt."

Dabei lächelte er Hilde an und gab ihr einen Kuss auf die Wange. Hilde legte ihre Hand auf Sabines Schulter. „Sprich nachher mit Michael und sage ihm einfach, was du wann gefühlt hast. Er ist jetzt verletzt, aber er wird es verstehen.

Eigentlich bist du sowieso gar nicht sein Typ Frau, ich habe mich schon gewundert."

„Wieso das denn nicht?" Nun war Sabine doch neugierig.

Hilde überlegte eine Weile. „Die blonde Powerfrau mit den kurzen Haaren, die immer und ewig unter Dampf ist. Ja, das findet er toll, aber zu ihm passt eher die ein wenig zurückhaltende braunhaarige Frau mit langen Haaren, die nicht in der ersten Reihe steht, sondern bewundernd zu ihm als Koch aufschaut."

Sabine nickte. Kurz erschien das Bild von Annika vor ihrem Auge. Sie wusste auch nicht genau, warum. Es war nur so ein Gefühl. Annika war jetzt seit einem Jahr wieder Single und ihr Ex war groß und blond gewesen. Sabine schob diese Gedanken zur Seite. Aber eigentlich war sie auch mit ihren 35 Jahren viel zu jung für Michael. „Ich spreche nachher mit ihm. Am besten gehen wir gleich zurück zum Schiff, dann kann ich das heute Nachmittag erledigen und vielleicht können wir dann heute doch noch ein schönes Abschiedsessen an Bord alle gemeinsam genießen."

Werner winkte die Bedienung heran und zahlte. „So machen wir das."

Der Rückweg war schweißtreibender, als sie erwartet hatten. Immer wieder ruhten sie wegen der Hitze im Schatten der alten Mauern aus. Zurück auf dem Kreuzfahrtschiff im Schutz der Klimaanlage atmeten alle erst mal durch. Hilde öffnete mit der Checkkarte ihre Kabinentür. Michael war nicht da. Sabine machte sich nur kurz im Bad frisch und begab sich dann auf die Suche nach ihm. Sie fand ihn auf Deck 10. Er lag scheinbar sehr entspannt in einer der Kuschelkugeln und las in einer Zeitschrift. Sie betrachtete ihn eine Weile und fühlte in sich hinein. Sie spürte eine große Nähe und Freundschaft. Zögernd trat sie näher. „Hey."

Er blickte auf und sah sie an. Dann machte er ihr ein Zeichen, sich zu ihm zu setzen. Erleichtert ließ Sabine sich auf dem gemütlichen Polster nieder. Ein Kellner nahte.

„Campari Orange?", fragte Michael und Sabine nickte.

Nur kurze Zeit später stießen sie mit ihren Drinks an. Eine Weile sprach keiner von ihnen ein Wort. Dann begann Michael. „Ich habe es vermasselt, oder?"

„Ach, Micha. Ich mag dich, ich mag dich sogar sehr. Du bist toll, wirklich. Das Problem liegt tatsächlich bei mir. Du hast nichts falsch gemacht."

Michael lachte leise. „Also doch keine Traumschiff-Folge, was? Das Happy End fehlt nämlich."

Sabine zog ihre Sandalen aus und machte es sich im Schneidersitz bequem. „Unsere Eltern lieben sich, das ist doch auch ein Happy End wie Rademann es sich gewünscht hätte, oder?" Sie strich sich eine Haarsträhne aus dem Gesicht und sah ihn an.

„Ralf ist wirklich ein toller Typ. Ihr passt auch irgendwie gut zusammen."

„Ja", hauchte Sabine, „nach der Trennung von Michael war ich so verletzt und verblendet, dass ich Gefühle nicht mehr zugelassen habe. Ich hatte mich in meine Arbeit vergraben. Aber heute Morgen habe ich mich mit meinem Ex am Telefon ausgesprochen. Das war gut. Die Fehler, die ich in meiner Ehe gemacht habe, werden mir nicht noch mal passieren."

„Ach, du hast Fehler gemacht?" Michael feixte und Sabine haute spielerisch mit einem der Kissen nach ihm. „Trotzdem schade, dass du dich nicht in mich verlieben konntest", meinte er und sprach dabei mit ernster Stimme.

„Vielleicht ist unsere gemeinsame Aufgabe und unsere Bestimmung eine andere. Nein, bestimmt sogar ist sie das. Noch sind Papa und Mama gut drauf, aber das kann sich ja auch mal ändern und dann ist es gut, wenn wir zusammenhalten und für sie da sind."

Michael griff nach ihrer Hand. „So wollen wir es halten." Er küsste sie sanft auf die Wange und für Sabine fühlte es sich endlich richtig an. Michael war ihr Freund und Ralf ihr neuer Partner, auf den sie sich unheimlich freute. Morgen würde sie ihn endlich wiedersehen.

„Essen wir heute alle vier zusammen zu Abend?", fragte sie Michael.

„Na, was hast du denn gedacht?", bekam sie zur Antwort.

Am Abend gönnten sie sich noch mal das Essen im Spezialitätenrestaurant des Kreuzfahrtschiffes und zwar ein mehrgängiges Menü. Folgendes stand auf der Karte:

Aperitif

Amuse-Gueule

Spargelcremesuppe mit Lachseinlage

Variationen vom Hummer

Sorbet von der Zitrone

Filet Mignon an Gemüse mit Kartoffelgratin

Rocky Road Eisbombe

Kaffee

Digestif

Das Essen schmeckte hervorragend und alle ließen die vergangene Woche in ihren Gesprächen Revue passieren. Werner und Hilde waren deutlich erleichtert, dass die Aussprache zwischen Michael und Sabine positiv verlaufen und der Familienfrieden wiederhergestellt war. Beide hatten unabhängig voneinander ihren Elternteil nach der Rückkehr auf die Kabine informiert. Sie waren gerade bei der Rocky Road Eisbombe angelangt, als Hilde nervös auf ihrem Stuhl herumzurutschen begann.

„Na, Mama, was hast du auf dem Herzen?", wollte Michael wissen.

„Werner und ich müssen euch noch was sagen."

„Das wollten wir doch nach dem Essen besprechen", war seine Antwort und plötzlich beschäftigte er sich sehr intensiv mit seinem Eis.

„Jetzt ist doch nach dem Essen", meinte Hilde, die ihren Eisbecher ein Stück von sich schob. „Also, um es kurz zu machen, wir haben vorhin eine größere Reise mit der Sea Princess gebucht, die im Oktober startet."

Werner nickte. „Genau, dadurch dass wir an Bord gebucht haben, konnten wir noch ein tolles Kabinen-Upgrade bekommen und sparen richtig Geld."

Sabine starrte ihren Vater ungläubig an. Solche Spontanaktionen kannte sie gar nicht von ihm. „Ist das nicht sehr teuer?", fragte sie vorsichtig nach.

„Das geht schon alles", beteuerte ihr Vater.

„Wie lange ist denn die Reise?", hakte Michael schließlich nach, „und wo geht sie hin?"

„Wir reisen in 115 Tagen gemeinsam einmal um die Welt", freute sich Hilde.

Nun war Sabine sprachlos. Das hatte sie nicht erwartet.

„Ich habe ja schon eine Weltreise mit der Sea Princess gemacht, aber allein. Die Umrundung der Nordhalbkugel mit der Karibik, Amerika und Asien, nun ist die Südhalbkugel dran." Hilde strahlte wie ein junges Mädchen. „Ich hatte das sowieso vor und nun kommt Werner mit."

Sabine hatte einen Kloß im Hals. „Dann bist du ja Weihnachten gar nicht da." Sie warf ihrem Vater einen traurigen Blick zu.

„Weihnachten und Silvester sind wir dann in Australien", erklärte Werner, „und ihr auch, wenn ihr wollt?"

„Wir?", fragte Michael nach.

Hilde klopfte mit der flachen Hand auf den Tisch. „Die Reederei bietet an, dass Familienangehörige nachkommen können zu einem tollen Preis. Am 22.12. landet ihr in Sydney und am 12.01. fliegt ihr von Perth zurück. Toll, was?"

„Ich weiß nicht", gab Sabine zu und sah Michael an.

„Nun sei doch mal spontan, mein Kind. Ihr bekommt ja auch jeder eine Kabine für sich."

„Und den Blumengießer kannst du auch mitbringen", ergänzte Hilde die Worte von Werner und lächelte. „Da muss dann eben Annika das übernehmen."

„Ich habe aber Silvester ein Event."

„Und ich muss doch Weihnachten immer Doppelschichten in der Küche machen", half Michael Sabine weiter.

„Es ist ja noch lange hin und bis dahin habt ihr das bestimmt organisiert", bestimmte Sabines Vater. „Eure Kabinen haben wir gleich mal vorsorglich eingebucht."

„Papa", schimpfte Sabine. „Das kannst du doch nicht machen, ich bin doch nicht mehr 10 Jahre alt." Sie mochte es immer noch nicht, fremdbestimmt zu werden.

„Es ist unser Geburtstagsgeschenk zu deinem Fünfzigsten. Das kannst du ja nun nicht ablehnen." Hilde zog ihre letzte Registerkarte.

Sabine merkte, dass es kein Entrinnen gab. Wieder dachte sie daran, was diese Kreuzfahrt mit Papa alles in nur einer Woche verändert hatte und noch verändern würde.

„Bekomme ich die Reise auch zum Geburtstag?", wollte Michael albern wissen, denn sein Geburtstag war bereits im März gewesen.

„Von mir aus", meinte Hilde und grinste, denn sie erkannte, dass sie ihr Ziel erreicht hatten.

„Wir liegen vier volle Tage in Sydney, ist das nicht toll? Da hat es dir doch damals so gut mit Michael gefallen. Es war doch mal wieder einer dieser Ärztekongresse." Papa setzte noch einen Verstärker drauf.

Bini bemerkte, dass er ihn nicht mehr Michael den Ersten nannte. Nun gab es kein Zurück mehr, dass wusste sie genau. Sie dachte an ihre Australienreise, die schon mehr als 10 Jahre her war. Dabei fühlte sie interessanterweise auch keinen Groll mehr. Es stimmte, damals hatte sie lange Zeit danach noch davon gesprochen, dass sie mit Down Under noch nicht durch sei.

Auch Michael hatte klein beigegeben. „Wo geht die Route denn sonst noch lang?"

„Wir starten in Venedig und dann geht es erst mal rund um Südamerika, dann durch die Südsee und nach Australien umrunden wir noch Südafrika, bevor es zurück nach Venedig geht." Aus Hildes Worten sprach die pure Begeisterung.

Nun bin ich doch ein wenig neidisch", gab Sabine zu.

„Nimm dir eine Auszeit und mache die ganze Reise mit. Finanziell ist das doch kein Problem für dich", schlug Werner vor.

Sabine hob die Hände. „Nee, nee, nee, drei Wochen reichen dann doch aus."

Michael lachte. Hilde und Werner sahen sich sehr zufrieden an. Diese Runde ging eindeutig an sie.

Nach dem Essen trennten sich die Wege der Vier. Hilde und Werner wollten sich unbedingt das Klassikkonzert und die Verabschiedung der Crew im Theater ansehen, Sabine und

Michael wollten den letzten Abend lieber mit einem Cocktail an Deck ausklingen lassen. Sie wählen dazu die Heckbar, wo aufgrund der Veranstaltung im Theater nur wenig los war.

„Ich brauch jetzt was Starkes", bestimmte Sabine. „Trinkst du einen Long Island Ice Tea mit mir?"

„So was trinkst du?" Michael war ehrlich erstaunt.

„Nur in harten Fällen", lachte Sabine.

Eine Weile sahen sie der Sonne zu, die gerade purpurrot im Meer versank. Sabine schoss mit ihrem Smartphone ein paar Fotos. Schließlich einigten sie sich noch auf ein Selfie, als Erinnerung an diese Woche, die so ganz anders verlaufen war als geplant.

„Sydney ist toll", begann Sabine das Gespräch. „Ich muss dir unbedingt das Wildlife Center im District Darling Harbor zeigen. Da kann man auch toll bummeln und so."

„Wenn der Blumengießer nichts dagegen hat", Michael grinste bei seinen Worten und betonte den Blumengießer so wie seine Mutter. Sabine schlug mit der kleinen Serviette, die der Barkeeper zu den Nüssen gereicht hatte, zum Spaß nach ihm.

„Nun hör mal auf, er heißt Ralf."

„Ja, ja, ich weiß. Bei dem Eiltempo, das unsere Eltern hinlegen, bin ich schon gespannt, was denen noch so einfällt in nächster Zeit."

„Was soll denn da jetzt noch kommen? Reicht das jetzt nicht langsam?" Sabine hatte keine Idee, was nach einem Zusammenziehen und einer Weltreise noch auf dem Programm stehen könnte.

„Eine Hochzeit? Der Kapitän der Sea Princess nimmt auch Trauungen vor."

Sabine stöhnte auf. „Nun lass mal die Kirche im Dorf bzw. bring unsere Eltern nicht noch auf weitere, dumme Gedanken."

Plötzlich betrat der Gästebetreuer Arsenio die Bar. Es sah sie und kam zu ihnen hinüber an den Tresen. „Und, hattet ihr eine schöne Kreuzfahrt?"

„Ja", erschallte es im Chor.

Arsenio lachte und freute sich. „Dann seid ihr jetzt ein Paar?"

„Nein", kam es wieder gleichzeitig.

Der Betreuer sah Sabine von oben bis unten an. „Dann lade ich dich heute Abend zum Tanz ein, natürlich nur, wenn du magst."

Sein Blick war eindeutig, außerdem hatte er die Erfahrung gemacht, dass seine persönliche Abschleppquote am letzten Abend einer Kreuzfahrt besonders hoch war. Selbst die Frauen, die sich ihm gegenüber am ersten Tag hochnäsig und abweisend gezeigt hatten, wurden am letzten Abend sanft wie Lämmer. Das kam durch den bevorstehenden Abschied. Sabine hatte er jedoch falsch eingeschätzt.

„Lass mal, die Koffer müssen noch vor die Tür gestellt werden und es geht schon recht früh in Richtung Flughafen. Ich möchte außerdem gern fit für morgen Abend und meinen Freund sein." Sie zwinkerte Michael zu, der verstand.

„Okay, aber den Versuch war es wert. Ich muss jetzt zur Verabschiedung der Crew in das Theater. Wir sehen uns ja morgen noch." Mit diesen Worten verschwand er.

„Na, so ein Schlawiner", meinte Michael.

Sabine winkte ab. „Er findet eine andere. Ich kann es mir noch gar nicht vorstellen, morgen wieder in Berlin zu sein. Das war sie also, die Kreuzfahrt mit Papa. Komisch, dass die Zeit schon vorbei ist."

„Ja, das Ende, na, morgen wird nicht mehr viel passieren", überlegte Michael laut. Dass er mit diesen Worten absolut falsch lag, wusste er zu dem Zeitpunkt noch nicht, denn der morgige Tag würde sein Leben für immer verändern.

Kapitel 8
Zurück in Venedig

Die Sea Princess begann mit ihrem Anlauf in das venezianische Kanalsystem bereits am Morgen um 6 Uhr, als die Sonne gerade erst ganz langsam aufging. Werner, Sabine, Hilde und Michael standen auf ihren Balkonen und genossen bei einem ersten Kaffee die Szenerie. Bini war irgendwann gestern ins Bett gefallen, nachdem sie noch ihren Koffer vor die Tür gewuchtet hatte. Ihr Vater war noch nicht zurück gewesen und sie wusste gar nicht, ob er nun mit Hilde bei sich oder ihr übernachtet hatte oder gar getrennt. Aber darauf kam es auch nicht mehr an. Sie sind als Freunde an Bord gekommen und würden das Schiff in Kürze als Paar wieder verlassen. Das hätte Sabine sich bei Reisebeginn nicht vorstellen können, aber inzwischen hatte sie sich daran gewöhnt. Und sie mochte Hilde. Sabine hatte auch gar keine Probleme, sie an Papas Seite zu sehen. Als das Kreuzfahrtschiff gerade den Markusplatz passierte, flammte die Sonne dahinter empor und nicht nur ihr blieb die Luft weg. Schnell schoss sie ein paar Fotos mit ihrem Smartphone. Eins sendete sie Ralf mit einem *Guten Morgen aus Venice*. Ein anderes sendete sie Annika:

Der letzte Morgen an Bord hat begonnen. Ich freue mich, wenn du mich vom Flughafen abholst. Danke. Ich komme nicht allein zurück, ob Du meine Begleitung vielleicht auch danach noch kurz nach Hause fahren kannst?

So hatte sie es mit Michael besprochen, denn sie hatten natürlich auch den gleichen Flieger für die Rücktour und es erschien ihr nach ihrer ganzen Herumzickerei auch nur fair. Schließlich fuhren sie in den inzwischen bekannten Industriehafen ein. Die Adia hatte bereits vor ihnen festgemacht und auch ein anderes amerikanisches, aber sehr großes Kreuzfahrtschiff hatte gerade angelegt. Sie trafen sich auf Werners und Sabines Balkon und Harry servierte ein letztes Mal sein großes Balkonfrühstück. Die Stimmung war ein wenig vom nahen Abschied geprägt und auch der Butler schien in sich gekehrt zu sein. Überschwänglich bedankte er sich, als Werner und Hilde die Umschläge mit dem Trinkgeld persönlich überreichten. Sie berichteten, dass sie die Weltreise mit der Sea Princess fahren würden, aber natürlich nicht in der Suite. Harry informierte sie, dass er noch nicht wusste, wann sein Vertrag wieder beginnen würde. Im Juli stieg er erst mal ab und würde bestimmt mindestens sechs Wochen pausieren. Sie machten noch ein paar gemeinsame Fotos, dann verabschiedete sich Harry und wünschte allen eine gute Heimreise. Er musste nun zu einem Teammeeting, denn die neuen Gäste würden bereits in wenigen Stunden an Bord kommen. Da wurde wöchentlich mit den Butlern besprochen, welche Gäste kämen und natürlich auf die wichtigen Repeater der Reederei hingewiesen.

„Eigentlich ist es noch viel zu früh, um direkt zum Flughafen zu fahren", meinte Werner. „Da hängen wir nur blöd rum."

Hilde stimmte zu. „Wollen wir noch einen kleinen Abstecher in die Stadt machen?"

„Ist mir egal", meinte Bini.

Ihr Vater war überrascht. Noch vor einer Woche hätte sie darauf bestanden, sofort zum Flughafen zu gelangen, damit sie die Wartezeit als Arbeitszeit nutzen könnte. Davon war aber nun keine Rede mehr. Werner fiel ein, dass er sie seit Tagen nicht an ihrem Laptop hatte arbeiten sehen. Er nahm ihre Hand. „Ich möchte mit dir Gondel fahren!"

Bini sah ihn zwar ein wenig überrascht an, doch sie protestierte nicht.

„Das machen wir dann auch, Mama, oder?", schlug Michael vor.

„Ein wirklich toller Abschluss dieser Reise", fand Hilde.

Sie verließen später mit dem Vaporetto, dem typisch venezianischen, öffentlichen Verkehrsmittel, den Containerhafen und fuhren bis zum Markusplatz. Dort stiegen sie aus. Auf dem Platz herrschte reges Treiben und Bini hielt nach einer Gondel Ausschau.

„Hier nicht", hielt Michael sie zurück. „Wir gehen ein Stück weiter in die kleinen Gassen. Dort warten auch Gondolieri auf die Touristen und die Preise für eine Fahrt sind besser verhandelbar."

Michael übernahm die Führung und Sabine, Werner und Hilde trotteten hinterher. Vor dem Dogenpalast kamen sie an einer langen Schlange vorbei. Viele Touristen warteten auf den Einlass. Zahlreiche Tauben bevölkerten natürlich auch den Platz und umkreisten den berühmten Campanile. Vor dem berühmt teuren Café Florian war kein Stuhl mehr frei. Nachdem sie den Platz überquert hatten, tauchten sie in die Gassen ein und wahre Kühle empfing sie. Michael schien wahllos von der kleinen Hauptstraße in das Labyrinth einzubiegen. Auf einmal standen zwei Italiener vor ihnen, die die typische Kleidung der Gondolieri trugen. Lange, schwarze Hosen und ein weißes Leinenhemd, das horizontal blaugestreift war. Michael verhandelte mit ihnen im perfekten Italienisch und Sabine war beeindruckt, weil sie gar nicht wusste, dass nicht nur Hilde, sondern auch er diese Sprache fließend sprechen konnte. Aber vermutlich wusste sie vieles noch nicht von ihm, schließlich kannte sie ihn ja auch erst eine Woche, auch wenn es ihr persönlich schon viel länger vorkam. Er handelte schließlich pro Gondel 80 Euro aus, was unter dem offiziellen Preis lag. Die Vier folgten den Männern weiter in das Labyrinth der Gassen und auf einmal standen sie direkt an einem kleinen Seitenkanal und sahen zwei schwarze Gondeln, die so friedlich dort lagen, als ob sie schon den ganzen Vormittag auf sie gewartet hatten.

Werner und Sabine bestiegen die erste Gondel und der freundliche Italiener half ihnen beim Einsteigen, da sie doch ein wenig schwankte. Sabine hatte mehr Probleme als ihr nun achtzig Jahre alter Vater. Aber das kam sicher daher, dass ihr Papa so lange Jahre auf das Meer hinausgefahren war und auch heute noch ab und an mit den noch aktiven Fischern hinausfuhr, dachte Bini. Hilde und Michael bestiegen die zweite Gondel. Der Gondoliere löste die Leinen und stieß mit seinem großen Paddel die Gondel von der Steinwand ab. Es ging los. Werner legte den Arm um seine Tochter und eine Weile schwiegen sie und ließen die alten Paläste und Gebäude auf sich wirken. In diesen Seitengassen schien die Zeit still zu stehen. Sie sahen Frauen, die quer über den Kanal auf Leinen ihre Wäsche aufhängten und Kinder, die ihnen von den Brücken, die sie unterquerten, zuwinkten. Schließlich nahm Werner Sabines Hand. „Mein liebes Kind, wie hat dir denn nun diese Woche mit mir gefallen?"

Sabine überlegte, denn allein gewesen waren sie tatsächlich die wenigste Zeit. Sie horchte weiter in sich hinein. „Gut.

Ich habe seit Langem mal wieder Urlaub gemacht und mich eigentlich erholt."

„Eigentlich?"

„Man sollte das Wort nicht benutzen", lachte Sabine, „weil es nichts ausdrückt. Ich glaube, ich bin nicht mehr so angespannt und überspannt, wenn ich auch sehr aufgeregt bin, wenn ich nachher zurück in Berlin bin. Wegen Ralf, weißt du?"

„Das verstehe ich sehr gut, aber du wirst sehen, jetzt findet sich alles, er ist der Richtige, Bini."

Sabine gab ihrem Papa ein Küsschen auf die Wange. Er hatte sie tatsächlich das erste Mal *Bini* genannt! „Wofür eine Kreuzfahrt mit Papa nicht alles gut ist. Das K-i-n-d findet endlich wieder einen Mann." Sabine blinzelte schelmisch.

„Das war der Plan gewesen, wenn ich auch mit Hilde einen anderen für dich ausgesucht hatte. Ich fand Ralf immer nett, wenn ich dich mal besucht habe, aber du hast ständig betont, dass er nur ein Freund ist. Das habe ich dann geglaubt und diese Möglichkeit gar nicht mehr in Betracht gezogen."

Sabine dachte wieder an die alte Frau in Kotor auf dem Berg. Was hatte die noch gesagt? Er ist schon in deiner Nähe. Natürlich hatte sie das auf Michael bezogen, denn sie wusste ja nicht, dass Ralf bereits in Dubrovnik auf sie wartete. Langsam bedauerte Sabine, dass sie sich mit der alten Frau nicht länger beschäftigt hatte, sondern förmlich von dem Berg geflohen war. Diese Frau hatte definitiv Dinge in der Zukunft gesehen. Bini nahm sich vor, künftig anders mit ihren Gesprächspartnern umzugehen.

„Ist das mit Hilde auch alles in Ordnung für dich?" Nun trommelte Werner ein wenig nervös auf seiner Armlehne der Gondel herum.

„Ich mag sie sehr. Es ist anders als mit Mama, aber wenn du wieder glücklich bist und ich eine Freundin dazubekomme und einen netten Stiefbruder, dann hat unsere Familie doch gewonnen, oder?"

Werner nickte.

„Hast du Mama gegenüber ein schlechtes Gewissen?"

„Ehrlich gesagt, nein. Wir hatten eine wunderbare Zeit, aber ich hatte schon gemerkt, dass ich trotz meiner Freunde oft am Abend einsam bin." Sabines Vater streckte sich ein wenig. „Ich gehe Mama morgen besuchen und erzähle ihr von unserer turbulenten Woche der Gefühle."

Sabine verstand, ihr Vater würde zu dem Grab ihrer Mutter gehen. Das tat er oft. „Dann grüßt du schön, ja? Ich komme demnächst mal mit Ralf für ein paar Tage, sie muss ihn doch schließlich auch kennenlernen."

Werner schnäuzte sich geräuschvoll die Nase. Dann deutete er nach oben in den Himmel. Sabine sah auch hinauf in die Wolken. „Vermutlich hat Elisabeth schon die ganze Woche zugesehen", meinte Papa.

Übermütig haute Sabine ihm auf sein linkes Knie. „Du, ich finde wir waren besser als in einer Traumschifffolge, oder?"

Werner lachte herzhaft auf und strahlte seine Tochter an. „Und dennoch mit einem doppelten Happy End."

Der Gondoliere bog in diesem Moment in den großen Canale Grande ein. Vor ihnen lag die berühmte Rialto-Brücke und er begann zu singen:

La biondina in gondoleta
L'altra sera g'ho menà:
Dal piacer la povereta,
La s'ha in bota indormenzà.

La dormiva su sto brazzo,
Mi ogni tanto la svegiava,
Ma la barca che ninava
La tornava a indormenzar.

Michael seufzte in Gondel Nummer zwei. Ein wenig fühlte er mit dem Gondoliere, der von einer großen, blonden Frau sang, die er mit in seine Gondel genommen hatte und die immer wieder einschlief. Dabei war ihm bewusst, dass er und der Gondelführer sicher nicht die gleichen Probleme hatten. Er hatte bestimmt eine attraktive Frau zu Hause und eine Heerschar an Kindern. Das berühmteste Gondoliere-Lied gehörte aber einfach zu einer Fahrt durch Venedigs Kanäle. Hilde hatte bisher die ganze Zeit geschwiegen. „Bist du traurig, dass es nicht mit Sabine geklappt hat?"

Michael rutschte ein wenig unruhig hin und her. „Ja, nein, ach", er raufte sich die Haare, „sie ist schon eine tolle Frau. Heute am letzten Tag gefällt sie mir viel besser als am ersten Tag im Flugzeug. So vieles haben wir zusammen in dieser Woche erlebt, wirklich unglaublich. Aber ich respektiere ihre Entscheidung und was mich tröstet ist, dass wir nun eine Familie sind. Ich habe nun eine Schwester, das ist doch auch schön."

„Du findest bestimmt deinen Deckel auch noch", versuchte Hilde ihren Sohn zu ermuntern.

„Ich weiß es nicht", gab er zu, „ich glaube, ich werde jetzt auch nicht mehr suchen, sondern mich mal finden lassen."

„Das ist eine gute Idee. Ist das mit Werner und mir denn wirklich auch für dich in Ordnung?"

Michael nickte eifrig. „Er ist so toll. Noch so rüstig, fit, an allem interessiert und so lustig. Darüber hinaus geht er so liebevoll mit seiner Tochter und nun auch mit dir um. Das gefällt mir sehr."

Hilde strich sich eine Haarsträhne aus dem Gesicht und richtete ihren Sonnenhut.

„Er ist so ganz anders, als Paul war."

Michael legte den Arm um seine Mutter. „Ich fühle mich Werner viel näher. Vater war immer nur im Büro, er hatte nie wirklich Zeit für mich und ewig war das Haus voll Geschäftsbesuch. Uns hat er oft allein in den Urlaub geschickt und wenn er mal mit war, dann hatte er nie Lust, mal allein etwas mit mir zu machen."

„Das ist richtig, Michael, man kann die Männer gar nicht miteinander vergleichen, aber ich bin sehr froh, in meinem Alter nun noch mal in ein neues Leben zu starten."

Michael gab seiner Mutter einen Kuss auf die Stirn. „Das gönne ich dir von ganzem Herzen.

Die Gondeln bogen wieder vom Canale Grande ab und dümpelten zurück in die kleinen Kanäle. Michael rief nach Sabine und Werner und machte ein Foto mit seinem Smartphone, als sie sich umdrehten. Der Gondoliere sah dies und warf sich theatralisch in Pose. Nach 30 Minuten hatten sie ihren Ausgangsort wieder erreicht und krabbelten nacheinander aus den Gondeln. Michael dankte den Männern und gab reichlich Trinkgeld. Dann zeigte er Sabine das Foto. „Klasse, schickst du es mir eben auf mein Handy?"

Er versprach es, denn es strahlte die ganze Romantik dieser Stadt aus, verbunden mit einem Vater, der mit seiner Tochter unendlich glücklich war. Zurück in Venedigs Gassen, suchten sie die nächste Vaporetto-Station, um direkt zum Flughafen zu gelangen. Sabine nutzte die Zeit und stellte das Foto in ihrem Facebook-Account online mit den Worten:

Kreuzfahrt mit Papa – es war gigantisch – Bini ☺
hier: Venezia.

Dabei stellte sie überrascht fest, dass sie ihr letztes Foto bei Facebook am 24. Dezember des Vorjahres veröffentlicht hatte. Es zeigte sie und ihren Vater Arm in Arm vor dem Weihnachtsbaum im Wohnzimmer in Husum. Werners Kumpel Franz hatte das Bild damals gemacht. Darunter hatte sie geschrieben:

Ich wünsche mir, dass wir beide bald wieder glücklich werden. Nächstes Jahr kann nur besser werden!

„Siehst du, hat geklappt", lachte Michael. „Das ist aber kein öffentlicher Account, oder?"

„Wo denkst du hin? Da sind nur meine wirklichen Freunde und natürlich Annika. Meinen Ex-Mann habe ich da sofort rausgeworfen. Jetzt eigentlich schade, dass er nun gar nicht sehen kann, wie toll wir aussehen."

„Das wird er bestimmt noch erfahren", versicherte Michael. „Darf ich dir eine Freundschaftsanfrage senden?" Er kramte sein Smartphone heraus.

„Na, klar", war ihre Antwort und sie bestätigte ihn sofort. Sie sah, dass sie schon zwei Likes zu dem Beitrag hatte. Eines war von Annika, das andere von Ralf. Er hatte auch kommentiert:

Ich freue mich unendlich auf heute Abend! Kuss!

Sabine lächelte und durch ihren Magen flatterten wie so oft in den letzten Tagen die bereits bekannten Schmetterlinge.

Annikas Smartphone summte und sie schrak auf. Sie saß natürlich an ihrem Laptop, obwohl Samstag war, aber sie wollte unbedingt noch einige Sachen für ihre Chefin vorbereiten. Ihr Blick eilte zur Uhr. Sie hatte noch gut drei Stunden Zeit, bevor sie in Richtung Flughafen zum Abholen starten musste. Neugierig sah sie auf ihr Telefon. Sie hasste es eigentlich, sich ablenken zu lassen, doch nach drei Stunden Arbeit konnte sie sich auch mal eine Pause gönnen. Sie wechselte in die Küche und betätigte die vollelektronische Kaffeemaschine. Diese keuchte und ächzte, aber schließlich lief die belebende, braune Flüssigkeit in den Becher. Mit dem rechten Finger wischte sie den Bildschirmschoner am Smartphone weg und sah, dass Bini einen Beitrag bei Facebook gepostet hatte. Das war in letzter Zeit nicht vorgekommen und weckte ihre Neugier. Angezeigt wurde ihr das Bild von Sabine und ihrem Vater in der Gondel und natürlich die entsprechenden Zeilen dazu. Annika erkannte Sabine kaum wieder. Sie trug legere Jeans, ein Top und hatte einen weißen Sonnenhut auf. Sie strahlte, wie sie es noch nie gesehen hatte und war braungebrannt wie eine Kaffeebohne. Sabines Vater war auch gebräunt, sah aber fröhlich aus, wie eigentlich immer. Der sexy Gondoliere gefiel ihr sehr und auf einmal verspürte sie auch Lust auf Urlaub. Die Kreuzfahrt mit Papa war also gigantisch gewesen. Das Wort *gigantisch* kannte sie von Bini nur im Zusammenhang mit der Buchung von großen Firmenevents. Da sagte sie dann immer zu den Geschäftsführern: „Sie werden sehen, Herr Meyer, das Event wird gigantisch werden." Und nun war die Kreuzfahrt mit Papa, über die sie sich bei ihr wochenlang vorher beschwert hatte, *gigantisch* gewesen? Annika verstand die Welt nicht mehr, likte den Beitrag aber und kommentierte:

Toll, guten Flug, bis nachher am Airport Berlin ☺.

Sie wartete noch, bis der Post online war, als sie den Kommentar von Ralf sah.

Ich freu mich so auf heute Abend. Komm gut zurück, Kuss.

Annika wunderte sich wieder. Sie fand, dass Ralf ein echt toller Typ war und hatte auch versucht, sein Interesse zu wecken, nachdem sie verstanden hatte, dass er nur ein Freund für ihre Chefin war. Doch Ralf hatte in ihr immer nur die Assistentin gesehen, niemals die Frau. Er kommentierte immer Sabines Beiträge, doch K-U-S-S hatte er noch nie geschrieben. Was war in dieser Woche passiert? Sabine war doch in der Adria gewesen und Ralf in Berlin? Annika war sehr gespannt, was nachher am Flughafen passieren würde, denn da war dann ja auch noch dieser Jemand, den sie nach Hause fahren sollte. Wer das wohl war?

„Sehr geehrte Damen und Herren, wir beginnen nun mit dem Landeanflug auf den Berliner Flughafen. Bitte stellen Sie ihre Sitzlehnen wieder in die senkrechte Position und schalten Sie alle elektronischen Geräte aus." Kaum hatte der Pilot aus dem Cockpit gesprochen, senkte sich die Maschine, in der Sabine und Michael saßen, rasant. Sabine blickte aus dem Fenster. Sie tauchten in ein dichtes Wolkenfeld ein. Sie blickte hinüber zu Michael. „Wolken, ich habe das Gefühl, nur noch blauen Himmel zu kennen", lachte sie, krampfte sich aber an ihren Sitzlehnen fest, als das Flugzeug begann, hin und her zu tanzen.

„Hast du Flugangst?"

„Immer ein bisschen", gab Sabine zu und strich sich kurz durch die Haare. „Michael und ich hatten mal einen schlimmen Rückflug von Florida, da hatten wir Angst um unser Leben."

Wie selbstverständlich griff Michael nach ihrer Hand. „Keine Sorge, dein großer Bruder passt auf dich auf."

Sabine lachte, es klang aber ein wenig künstlich. *Eine Businessfrau, die Flugangst hat,* dachte er. *Wer hätte das gedacht? Was war nur alles in dieser Woche geschehen? Tatsächlich hatte er die Frau, die ihn auf dem Hinflug wirklich umgehauen hatte, so gut kennengelernt und nun kamen sie praktisch als Geschwister zurück nach Berlin.*

„Danke", hauchte sie, „das hat Micha früher auch immer gemacht.

„Und wer hat das in der Zwischenzeit erledigt?"

„Niemand", gab Sabine ehrlich zu, „aber ich hoffe, dass Ralf es auch kann."

„Ganz bestimmt", antwortete er und lächelte ihr zu. Sabine sah so unendlich glücklich aus und um viele Jahre jünger, was aber sicher auch die Bräune und ihr lässiges Outfit machten. Erstaunlich sanft setzte das Flugzeug kurze Zeit später auf dem Boden auf und Sabine begann sich zu entspannen. Michael wollte seine Hand wegziehen, doch Sabine hielt sie fest. „Danke."

„Es ist alles gut", er schüttelte mit dem Kopf.

Sie führte seine Hand zu ihren Lippen und küsste sie kurz. Er verstand. Es ging ihr nicht nur um die Flugangst und sein Händchenhalten, sondern um die komplette Woche und ihre Ereignisse.

„Mykonos bleibt unser Geheimnis, ja?", fragte sie.

„Natürlich, Bini." Könnte er dieser Frau, die nun seine Schwester war, je einen Wunsch abschlagen? Vermutlich nicht.

Der Flieger rollte direkt an Gate 31 heran und der Finger wurde montiert. Entspannt stiegen die Zwei als Erste aus und begaben sich in Richtung Gepäckband. Sabine aktivierte ihr Smartphone und rief Annika an. Da sich am Band noch nichts tat, erkundigte sie sich kurz nach den aktuellen

Projekten. Ihre Assistentin sprudelte wie ein Wasserfall und Sabine hatte irgendwie Mühe, sich auf ihre Worte zu konzentrieren.

„Nein, heute Abend fahren wir nicht mehr ins Büro. Ich möchte direkt nach Hause. Ja, ich bin in Begleitung, Du fährst ihn doch eben auch noch heim? Michael wohnt nicht weit entfernt. Nein, natürlich ist es nicht *mein* Michael, es ist Michael der Zweite", hörte Michael Sabine reden.

Der grinste, denn eigentlich dachte er, dass er den Namen nun los wäre.

Das Gepäckband begann sich in Bewegung zu setzen.

„Das Gepäck kommt jetzt, wir haben ja Priority, da sind wir gleich bei dir. Nein, Michael der Zweite ist auch nicht mein neuer Michael. Ich erkläre dir alles später."
Sabine drückte den Aus-Knopf.

„Deine Assistentin scheint ein wenig durcheinander", grinste Michael und wuchtete schon mal Sabines großen Koffer vom Band.

„Vermutlich."

Schließlich tauchte auch Michaels Koffer auf und sie begaben sich in Richtung Ausgang. Zügig gingen sie durch den Zollbereich, der natürlich nicht besetzt war, und schon waren sie in der Ankunftshalle angelangt. Bini sah Annika sofort. Sie war ganz in schwarz gekleidet, mit einem gelben Schal um den Hals, der einen interessanten Kontrast zu ihren langen, braunen Haaren bot. Sie trug hochhackige Stiefeletten, ebenfalls in schwarz und winkte mit beiden Armen. Zum ersten Mal fiel ihr bewusst auf, wie attraktiv Annika war. Das hatte sie nie zuvor bemerkt. Sie selbst war total leger gekleidet und trug immer noch den Sonnenhut aus Koper, obwohl es draußen in Berlin regnete. Sie umarmten sich herzlich und sehr lange.

„Wie schön, dass du zurück bist", freute sich Annika und Bini merkte, dass sie meinte, was sie sagte.

„Ich war ja nur eine Woche weg", wiegelte Sabine ab und befreite sich aus der Umarmung. „Also, das ist Michael. Er ist nicht mein neuer Freund, er ist mein neuer Bruder."

Sabine drehte sich um und lächelte Michael an.

Annika und Michael sahen sich an und für beide war es so ein Moment, als ob die Welt still zu stehen schien und alles in Zeitlupe passierte, während Bini munter weiterplapperte und erklärte, warum sie nun einen Bruder hatte, von den Verkupplungsplänen von Hilde und Werner und natürlich final die neue Verbindung zwischen ihren Eltern. Natürlich erwähnte sie auch, dass Michael und sie aber kein Paar geworden wären und dass die Bezeichnung Michael der Zweite eine typische Erfindung ihres Vaters gewesen war.

Michael hörte Sabines Worte dumpf, so als ob er Watte in den Ohren hätte. Er starrte Annika an und dachte *Das ist sie. Das kann doch nicht sein? Ich lande in Berlin und nach dieser Woche steht meine Traumfrau vor mir.*

Annika ging es nicht anders. Bewundernd sah sie zu diesem großen, blonden Mann auf, den sie unglaublich attraktiv fand und überlegte. *Wieso will Bini den nicht? Er sieht einfach fantastisch aus.*

Zögerlich schüttelten sie sich die Hände und bei ihrer ersten Berührung durchfuhr beide ein Stromschlag. Die Liebe auf den ersten Blick hatten beide immer als Nonsens abgetan und nun wurden sie eines Besseren belehrt.

Sabine bekam davon jedoch nichts mit. „Los, lass uns zum Auto gehen, ich will unbedingt nach Hause. Du fährst Michael doch nach Hause?"

„Sicher, ja sicher", beeilte sich Annika zu versichern. D-E-N würde sie auch bis ans Ende der Welt fahren. Sie wollte nach dem Koffer ihrer Chefin angeln, doch Michael legte ihr den Arm auf die Schulter. „Na, das mache ich."

Sie nickte, drehte sich um und begann den Weg in Richtung Parkhaus einzuschlagen. Dabei bemühte sie sich normal zu gehen, denn ihre Beine fühlten sich wie schmelzendes Wachs an. Sabine hakte sich bei ihr unter. Annika fühlte Michaels Blicke im Rücken, auf ihrem Po und irgendwie überall. Sie wünschte sich, es wären bereits seine Hände. Solche Gefühle hatte sie noch nie verspürt bei einem Mann, den sie gar nicht kannte. Doch wenn Sabine ihn jetzt munter als ihren Bruder vorstellte, dann war sein Wesen sicher auch sehr wertvoll.

Michael schob die Koffer hinterher und starrte Annika immer noch an. Auch von hinten machte sie eine sehr gute Figur, wie er fand. Ihm war klar, dass er handeln musste. Von Sabine wusste er, dass sie Single war. Er überlegte, dass er sie zum Dank, dass sie ihn nach Hause fahren würde, auf einen Kaffee einladen könnte. Aber ob das nicht zu plump war? Sie war natürlich einiges an Jahren jünger als er. Oder lieber eine Einladung zu einem Abendessen ein paar Tage später? Er dachte nach. Seine Wohnung hatte er aufgeräumt verlassen, das war ihm immer wichtig gewesen, wenn er auf Reisen ging. Was wäre, wenn sie *nein* sagte, er würde diese Abfuhr nicht so einfach wegstecken, das war klar.

„Dein B-r-u-d-e-r ist ja echt süß", flüsterte Annika vertraulich in Binis Ohr. „Ist er denn nichts für dich? Das wäre doch doppeltes Familienglück", dabei klang ihre Stimme leicht angespannt und nicht unbeschwert. Doch auch das bemerkte Bini nicht. Annika musste sich unbedingt absichern, bevor sie Michael das nächste Mal in die Augen sah und ihrer Chefin wollte sie nicht in die Quere kommen, was Männer betraf. Dafür liebte sie ihren Job bei ihr zu sehr.

„Alles rein freundschaftlich", beruhigte Bini sie. Dann gab sie zu: „Ich habe mich in Ralf verliebt, stell dir vor."

„In Ralf?", bohrte Annika nach, „aber der war doch gar nicht mit." Wieder verstand sie die Welt nicht mehr.

„Nein", lachte Sabine, „eigentlich nicht, aber er kam nach Dubrovnik zu Papas Geburtstag geflogen und da hat es irgendwie Click gemacht."

Ungläubig schüttelte Annika mit dem Kopf. Das konnte alles nicht wahr sein. Seit ungefähr fünfzehn Minuten war sie nun in eine neue Welt abgetaucht. „Hat Michael eine Freundin?", wisperte sie in Sabines Ohr.

„Auf keinen Fall", war die Antwort, wenn sie sich auch über die Frage ihrer Assistentin wunderte. Sabine war viel zu sehr mit ihren eigenen Gedanken an den Abend beschäftigt, als dass sie fühlen konnte, dass am Flughafen von Berlin gerade eine weitere, neue Lovestory entstand. Endlich waren sie an Annikas Auto angekommen. Michael schaffte es, die großen Koffer zu verstauen und nahm wie selbstverständlich auf dem Rücksitz Platz. Annika lenkte den Wagen sicher durch den abendlichen Wochenendverkehr. Immer wieder suchte sie den Blick zu Michael im Rückspiegel und stets lächelte er. Sabine redete ohne Unterlass über die Ziele ihrer Reise und was sie alles gesehen hatte. Annika warf hin und wieder ein „Hm" oder ein „Ach, tatsächlich" ein und Michael bestätigte mit „Ja, ja" oder „Das war wirklich toll". Schließlich stoppte Annika vor Sabines Villa. Michael betrachtete ihr Anwesen mit Respekt. Annika drückte auf den Summer, über den sie selbstverständlich verfügte und die Tore öffneten sich. Sie stoppte vor dem Eingang und Michael sprang aus dem Wagen, um Sabines Koffer auszuladen. „Du wohnst traumhaft", fand er.

„Ja, und du kommst auf einen Kaffee demnächst vorbei, oder?", lud sie Michael ein.

„Unbedingt", versprach er.

Auch Annika stieg aus. Herzlich umarmten sich die Frauen. „Sehen wir uns denn morgen im Büro?", wollte die Assistentin wissen. „Oder ich kann nachher auch noch mal wegen den laufenden Projekten anrufen?"

„Bist du verrückt geworden? Morgen ist Sonntag und nachher, äh, da kommt Ralf."

„Okay", gab Annika verwundert zur Antwort. Das hatte sie tatsächlich nach einem Urlaub noch nie erlebt. Früher gab es bei Sabine keinen Sonntag, jetzt wohl schon. Sie nahm sich vor, Michael auf jeden Fall gleich im Auto ein wenig über Binis Sinneswandel auszuquetschen.

„Bis Montag", Sabine winkte den beiden zu und schloss ihre Haustür auf. Sie sah, dass Michael nun auf der Beifahrerseite einstieg. Die beiden waren so vertieft in ihr Gespräch, dass sie ihren Abschiedsgruß gar nicht mehr erwiderten.

Im Haus angekommen, legte sie ihre Handtasche ab und ließ den Koffer erst mal einfach mitten im Flur stehen. Sie streifte sich die Turnschuhe von den Füßen und es fühlte sich nach dem langen Tag unheimlich befreiend an. Dann betrat Sabine ihr Wohnzimmer. Mitten auf dem großen Tisch stand eine Vase, die mit roten Rosen gefüllt war. Sie zählte nach. Es waren genau 15. Er hatte tatsächlich so lange auf sie gewartet und erst ein Umweg durch die Adria brachte auch ihr die Erkenntnis, dass die Liebe im Grunde schon lange nebenan wohnte. Sie zog eine Karte aus dem Strauß. Aufgeregt öffnete sie den Umschlag. Die Karte war weiß und auf ihr prangten zwei rote Herzen, die sich ineinander verschlangen. Sie klappe die Karte auf und las.

… 1000 und 1 Nacht und die ist heute … ich liebe Dich, Ralf

Sabine schossen die Tränen in die Augen und sie überlegte, ob sie schnell noch duschen sollte, doch da klingelte es an der Tür. Ralf klingelte immer, obwohl er den eigenen Schlüssel hatte. Sie riss die Tür auf und stürzte sich auf ihn.

„Vorsicht, das Sushi", lachte er und stellte die zwei Pakete, die er eben geholt hatte auf der Kommode ab. Dann erwiderte er ihre Umarmung und ihre Lippen fanden sich zu einem langen, leidenschaftlichen Kuss. Als seine Hände gerade unter ihr T-Shirt wandern wollten, schob sie ihn zur Seite. „Ich stinke total nach dem langen Tag, ich muss erst mal duschen."

Sie drehte sich um und ging in Richtung Badezimmer. Ralf stellte das Sushi in den Kühlschrank und hörte, wie die Dusche zu laufen begann. Vorsichtig öffnete er die Tür und sah, dass Sabine alle ihre Klamotten einfach auf den Boden geworfen hatte. Er tat es ihr gleich und schob die Tür zur Dusche auf. Sie strahlte und zog ihn hinein. Das heiße Wasser prasselte auf ihre Körper und Ralf begann, sie sanft und zärtlich mit Duschgel von oben bis unten einzuseifen. Auf ihren Brüsten verharrte er am längsten. „Jetzt gehörst du mir, meine kleine Prinzessin und wenn du willst, für immer."

„War das jetzt ein Heiratsantrag unter der Dusche?", hakte Bini nach.

Statt einer Antwort bekam sie erneut einen langen Kuss, ihre Körper verschmolzen miteinander und sie gaben sich ihrer Leidenschaft hin.

Epilog
Drei Monate später ...

Sie saßen auf der Terrasse einer hübschen Pizzeria in Venedig unweit des Markusplatzes mit freiem Blick auf den Kanal. Bini, Annika, Ralf und Michael. Dieses Lokal hatten sie bewusst ausgesucht, denn genau hier würde in einer halben Stunde die Sea Princess vorbeikommen, wenn sie zu ihrer Kreuzfahrt um die Welt auslief. Es war Oktober, doch der Abend war noch mild. In Italien begannen die Winter immer ein wenig später als in Deutschland. Alle waren heute Morgen mit dem Flieger aus Berlin gekommen und nachdem sie Hilde und Werner bei ihrem Kreuzfahrtschiff abgeliefert hatten, waren sie gemeinsam durch die Stadt gebummelt. Vier Verliebte in Venedig, in der Stadt der Liebe, es war einfach fantastisch! Das Flugzeug zurück nach Berlin würde erst um 20 Uhr starten. Gerade hatte der Kellner vier riesige, lecker aussehende Pizzen und einen guten Rotwein serviert. Nur Annika hatte um ein Wasser gebeten, da es ihr heute viel zu heiß für Alkohol war, wie sie sagte. Sie stießen an und ließen nochmals gemeinsam die letzten drei Monate Revue passieren und vor allem den Tag der Rückkehr, als ihre beiden Lieben richtig begannen.

Als Annika damals vor Michaels Wohnung gehalten hatte, war er nicht aus dem Wagen gestiegen, sondern hatte sie einfach geküsst. Sie war ihm danach in die Wohnung gefolgt und blieb das ganze Wochenende. Keine drei Wochen später zog sie aus ihrer kleinen in seine viel größere Wohnung um.

„Nie habe ich an Liebe auf den ersten Blick geglaubt", erzählte Michael wie so oft im letzten Vierteljahr. „Doch da stand sie plötzlich vor mir, meine Traumfrau, und das mit über 50!"

„Als ich dich sah, da wusste ich, du bist es", freute sich auch Annika, „ich musste nur erst mal klären, wie du zu Bini stehst."

Sabine lächelte und angelte nach einem Pizzastück von Ralfs Teller. Das war in den letzten Monaten zu einer Art Angewohnheit geworden, aber er ließ sie gern gewähren. „Und wir hatten unseren ersten Sex direkt unter der Dusche, ich konnte einfach nicht mehr warten", lachte er.

„Du hast ja auch 15 Jahre lang gewartet", konterte Sabine und es schien ihr nicht mal peinlich zu sein. Sie hatte sich verändert seit der Kreuzfahrt und war inzwischen längst keine verbissene Businessfrau mehr.

Eine Weile aßen sie schweigend, als sie plötzlich ein typisches langes, dumpfes Tuten hörten. Bini gab ihre Kamera an Annika. „Du machst die Bilder." Ein wenig Chefin zu Assistenz war geblieben, wenn sie auch die vergangenen Wochen noch viel enger zusammengebracht hatten. Eigentlich waren sie nun Freundinnen, die zusammenarbeiteten und Bini hatte für Annika noch eine große Überraschung. Nächste Woche würde sie 36 werden und dann wollte Sabine ihr eine Teilhaberschaft in der Firma anbieten. So verhinderte sie, dass Annika jemals wegging und sie schaffte sich neue Freiräume für die gemeinsame Zeit mit Ralf. Mit der neuen Teilhaberin wollte sie auch den Namen ihrer Agentur ändern. Inzwischen hatte sie nämlich ihren Nachnamen

Berg abgelegt und wieder ihren Mädchennamen Jacobsen angenommen. Papa hatte sich sehr darüber gefreut, dass sie nun wieder den gleichen Namen führten. Das dies von langer Dauer war, glaubte er allerdings nicht. Sabine hatte ihr Arbeitspensum von 60 Stunden und mehr pro Woche nämlich inzwischen drastisch auf 40 heruntergeschraubt, der Laden lief trotzdem, besser denn je. Aber das war kein Thema für heute. Ralf übernahm die Videokamera und Sabine und Michael entrollten ein Transparent. Auf dem stand in großen, gut lesbaren Buchstaben:

WELT AHOI, HILDE UND WERNER! WIR SEHEN UNS IN SYDNEY! EURE KINDER

Langsam bog die Sea Princess um die Ecke. Sie hatten im Flugzeug genau besprochen, wo sie stehen würden, damit die Eltern auch ja zur richtigen Seite vom Schiff aus schauten.

„Die ist ja so schön, die Sea Princess und mit der fahren wir dann wirklich drei Wochen um Australien herum?" Annika hüpfte vor Freude auf und ab.

Michael lächelte, er liebte ihre Begeisterungsstürme, die sie offen zeigte. Was sie noch nicht wusste, er plante diese Reise als Hochzeitsreise, denn an ihrem Geburtstag wollte er ihr einen Heiratsantrag machen.

Das Schiff fuhr im Schritttempo den Canale Grande hinunter. Um sie herum waren unzählig viele Boote und der Kapitän musste sein ganzes nautisches Können beweisen.

Hilde und Werner standen auf ihrem Balkon auf Deck 6 und blickten auf das kleine Venedig. Die letzten Monate waren voller Vorbereitungen gewesen und natürlich auch von Hildes Umzug nach Husum geprägt gewesen. Werner schaute durch sein Fernglas. „Da sind sie, die Kinder, guck mal, da an der Brücke." Er reichte Hilde das Glas. „Oh, schau ein Transparent mit einem Gruß für uns!"

Als das Kreuzfahrtschiff auf Höhe des Lokals war, konnte sie es sogar lesen. Sie winkten aus Leibeskräften und Sabines Vater pfiff gleich mehrfach auf zwei Fingern. Hilde begann vor Freude und Rührung zu weinen. Werner nahm sie in den Arm. „Ich werde sie so vermissen", schluchzte sie. Werner küsste sie liebevoll. „Es sind doch nur zwei Monate bis Sydney und nach einem weiteren sind wir dann doch auch wieder zu Hause."

„Ja", nickte sie und plötzlich freute sie sich unbändig auf die kommende Zeit.

„Wird sicher auch die letzte Weltreise sein", sagte Werner mit nachdenklicher Stimme.

Hilde drehte sich ihm zu. „Wieso?"

„Ich denke, wir werden bald Oma und Opa!"

„Bitte? Wie kommst du auf sowas? Ist Bini nicht viel zu alt dafür, nun mit ihren 50 Jahren?"

„Nein, nicht Sabine, ich meine Annika."

Auch Hilde hatte Annika sofort ins Herz geschlossen, es war wie bei ihrem Sohn gewesen, Liebe auf den ersten Blick! Sie bekam eine Traumschwiegertochter!

„Weißt du mehr als ich als Mutter?" Das entsetzte sie jetzt doch.

„Nein, aber alte Fischer sehen so etwas", scherzte er wie so oft. „Nein, ich habe es nur so im Gefühl."

Hilde drückte ihn innig, während die Kinder und Venedig am Horizont kleiner und kleiner wurden. „Das wäre fantastisch", freute sie sich.

An Land wurde das Transparent zusammengerollt. Ralf sah dem Kreuzfahrtschiff, das er heute das erste Mal von Nahem gesehen hatte, nachdenklich hinterher. Natürlich würde auch er zu Weihnachten mit nach Sydney fliegen. Er wollte, wenn sie alle zusammen waren an Weihnachten, Sabine endlich einen korrekten Heiratsantrag machen. Der von der

Dusche zählte zwar, weil sie nicht nein gesagt hatte, doch er wollte die richtige Form. Sie waren noch nicht zusammengezogen, aber Ralf plante sein Haus im nächsten Jahr zu vermieten. In den letzten Wochen waren mehr und mehr Sachen von ihm bereits in Sabines Villa gewandert.

Auch Annika sah dem Schiff nachdenklich hinterher. Am Montag hatte sie einen Termin bei ihrem Frauenarzt. Sie war aufgeregt, denn der Schwangerschaftstest war positiv gewesen. Das war eigentlich nicht geplant gewesen. Ob Michael sich freuen würde? Sie hoffte es so sehr, wollte es ihm aber erst sagen, wenn der Arzt die Schwangerschaft offiziell bestätigt hatte.

Der Kellner kam und Michael erklärte ihm, was sie da gerade gemacht hatten. Er freute sich mit und bot Averna an. Nachdem er ihn serviert hatte, stießen sie an, wobei Annika ihr Glas zu Michael hinüberschob. Bini betrachtete ihre Assistentin und Freundin nachdenklich. *Sie wird doch nicht?*, dachte sie. Dann schob sie den Gedanken weg, denn sie war sich sicher, dass Annika, wenn sie Mutter werden würde, sicher Job und Familie miteinander vereinen wollte. Liebevoll sah Sabine ihre drei Freunde an. „Auf die Kreuzfahrt mit Papa, die uns endlich allen die Liebe gebracht hat! Und wieder kam ihr dieses Lied von Nena in den Kopf, das sie schon in Kotor unter der Dusche gesungen hatte: *Liebe wird nicht, Liebe ist!* Wie wahr!

~ Ende ~

Danke

Die Idee zu diesem Kreuzfahrtroman kam mir im Jahr 2019, als ich mit meinen Eltern und meinem Mann eine wunderschöne Kurzkreuzfahrt ab Venedig unternahm. Damals war die Kreuzfahrtwelt noch in Ordnung und das COVID-19-Virus war noch nicht am Horizont erkennbar gewesen. Ich bedanke mich also bei meinem Papa, der mir in nur drei Tagen Kreuzfahrt so viel lustigen Input lieferte, dass daraus nun ein Buch wurde. Mama möge mir verzeihen, dass ich sie bereits vorzeitig auf Wolke 7 geparkt habe, aber die Story musste ja passen. Meine Papa-Figur Werner ist aber natürlich frei erfunden, auch wenn er manchmal Wesenszüge von meinem Vater hat. So ist es ja auch in meinen anderen Büchern, ich verarbeite immer gern selbst Erlebtes. Ebenso frei erfunden ist meine Hauptfigur Sabine. Manchmal tat sie mir beim Schreiben direkt leid. Während ich zuerst jegliche Ähnlichkeit mit mir abstritt, musste ich zum Ende des Buches beim Lektorat zugeben, dass sie, wie eben auch Papa, doch ein paar Eigenschaften von mir selbst geerbt hat. Speziell nach ihrer *Wandlung*.

Dieses Buch entstand im Jahr 2020, nachdem im März die Kreuzfahrten ausgesetzt wurden. Alle meine gebuchten Fahrten entfielen natürlich auch und so wurde dieses Werk schneller fertig als gedacht. Es spielt bewusst *vor Corona*, denn ich wollte, dass meine Hauptfiguren und Leser die Urlaubsform Kreuzfahrt so erleben, wie sie früher war. Ob sie noch mal so wird, bezweifele ich. Die Leichtigkeit ist uns Kreuzfahrtfreunden jedenfalls gründlich genommen worden. Ich selbst habe seit September 2019 keine Fahrt mehr gemacht. Hoffentlich konntet ihr mit meinem Buch sorgenfreie, leichte Stunden auf dem Meer und bei den Landgängen erleben. Den Namen des Kreuzfahrtschiffes hat letztendlich der Verleger ausgesucht, nachdem irgendwie keines meiner Brainstormings mit Freunden so recht Erfolg hatte. Ich fand Sea Princess dann sehr passend, zumal es bis 2020 ein Kreuzfahrtschiff gab, dass für Princess Cruises fuhr und wegen Covid-19 ausgemustert wurde.

Das Cover hat wie immer mein Illustrator Attila Hirth erschaffen und das Lektorat führte Hubert Quirbach durch. Wir drei sind in den letzten Jahren ein gutes Team geworden und die Zusammenarbeit macht sehr viel Freude. Motiviert und unterstützt haben mich beim Schreiben wie immer mein Mann Dirk und sehr viele liebe Freunde. Ich bedanke mich für euer Verständnis. „Ich muss jetzt zu Papa", war in der Entstehungsphase mein geflügeltes Wort und speziell mein Mann Dirk hat nie deshalb gemurrt.

Danke auch an Viola und Maren, dem Team von Violas Bücherwurm in Kelkheim, die sich immer mal wieder nach dem neuen Projekt erkundigten und sich auch die Zeit für Fachgespräche bei der Entstehung nahmen.

Liebe Leserin, lieber Leser, wenn Dir mein Kreuzfahrtroman gefallen hat, dann empfehle ihn weiter. Über ein konstruktives Feedback in Form einer Lesermeinung freue ich mich immer. Auf den gängigen Plattformen im Internet oder auch per Mail an *brina-stein@email.de*!

Maritime Grüße,

Brina Stein

Ihnen hat die Kreuzfahrt mit Papa gefallen? Dann gehen kommen Sie doch auch zu weiteren Kreuzfahrten mit Autorin Brina Stein an Bord!

Jahresausklang auf Madeira – Wellengeflüster in Portugal

„Und sie haben auch am Nachmittag keine verdächtigen Personen in der Nähe der Kaimauer bemerkt?", wollte nun abschließend einer der Beamten wissen.
„Wir waren Korbschlitten fahren", entschuldigte sich der Kapitän und kratzte sich nachdenklich am Hinterkopf.

Sechs Kreuzfahrtschiffe treffen pünktlich zum Silvesterfeuerwerk im Hafen von Madeira ein. Die vielfältigen Einzelschicksale an Bord zum Jahresausklang könnten kaum unterschiedlicher sein. In Brina Steins drittem Buch geht es märchenhaft romantisch zu, aber es fehlt auch nicht an Spannung. Dafür sorgt ein gemeinsames Erlebnis, dass alle Kreuzfahrer am Neujahrstag verbindet und sogar die Stadt Funchal an ihre Grenzen bringt. Eine empfehlenswerte Lektüre für alle Freunde der Blumeninsel und von Kreuzfahrten.

Erschienen am 24.07.2018 bei CreateSpace, 2. Auflage
Preis: 12,50 Euro, E-Book: 2,99 Euro
ISBN: 978-1719173117

Jahresausklang auf Sylt – Wellengeflüster in Westerland

Wir müssen sofort zur Polizei", befand Rita. „Das müsst ihr nicht, wir sind schon da", ertönte durch den Raum eine dunkle Stimme.
Eine erfrischende Brise für die Seele, gepaart mit einem spannenden Streifzug durch viele Orte und Plätze der zauberhaften Insel Sylt erwartet den Leser. Autorin Brina Stein macht einfach Lust auf Meer!
Ein lustiges Völkchen hat sich zum Jahresausklang auf Sylt versammelt und wieder stehen die drei lebensfrohen, aber hoffnungslos chaotischen Landfrauen Rita, Rosi und Ute im Mittelpunkt des Geschehens. Werden sie es schaffen, das Geheimnis um die verschollene Jacht *Wellengeflüster* zu lösen?

Erschienen am 20.03.2018 bei CreateSpace, 2. Auflage
Preis: 12,50 Euro, E-Book: 2,99 Euro
ISBN: 978-1981413157

Der grosse Roman: 115 Tage an Tisch 10 – Wellengeflüster auf Weltreise

Völlig unterschiedliche Charaktere erfüllen sich den Traum von einer Kreuzfahrt um die Welt. Viel gemeinsam haben sie nicht, aber allabendlich sitzen sie an demselben Tisch des Kreuzfahrtschiffes Kosta Onda. Zunächst sehr distanziert, lernen sie sich und fast nebenbei die Welt kennen. Ihre Reise führt sie von Italien rund um Südamerika, durch die Südsee, Australien und um Südafrika herum wieder nach Italien. Nach und nach entwickeln sich Freundschaften und ihre Leben scheinen für 115 Tage ineinander zu verschmelzen. Neben lustigen Anekdoten, die auf wahren Erlebnissen beruhen, beschreibt und vermittelt die Autorin Brina Stein aber auch Wissenswertes über Land und Leute. Zudem nimmt sie ihre Leser mit zu den schönsten Plätzen, die sie selbst auf ihrer Weltreise entdeckte. Und das waren einige in 115 Tagen. Das Buch endet mit der Beschreibung des letzten Abends an Bord, der schließlich zeigt, dass die zusammengewürfelte Gruppe an Tisch 10 in der Welt zusammengewachsen ist und sogar schon ein Wiedersehen plant, was zu Beginn der Kreuzfahrt sicher niemand gedacht hätte.

Erschienen am 01.01.2021 im Wellengeflüster Verlag (Neuauflage)
Preis: 15,00 Euro, E-Book: 4,99 Euro
ISBN: 978-3948510060

„Echte Kreuzfahrterlebnisse – der unverzichtbare Ratgeber für Erst- und Vielfahrer"

Kreuzfahrtautorin Brina Stein fährt seit siebzehn Jahren mit ganz unterschiedlichen Kreuzfahrtschiffen über die Meere und Flüsse dieser Welt. Nun gibt sie 50 ihrer schönsten Erlebnisse weiter, verbunden mit wertvollen Praxistipps. Ist es besser, die Ein- oder Ausfahrt nach New York zu buchen? Wie kommt man als Gast an den Kapitänstisch bei einer klassischen Kreuzfahrt? Wo ist der beste Standort an Deck, wenn man Kap Hoorn umrundet? Welche Ausflüge sollten unbedingt über die Reederei gebucht werden? Warum ist auch im chilenischen Sommer eine wärmere Jacke sinnvoll? Welches Gericht muss unbedingt in Budapest probiert werden? Die Antworten darauf und noch viel mehr bietet die Kreuzfahrtautorin nun in diesem Ratgeber an, der klare Empfehlungen ausspricht anstatt mahnend den Finger zu heben: Eben echte Kreuzfahrterlebnisse.

Erschienen am 20.10.2019 im Wellengeflüster Verlag
Preis: 9,90 Euro, E-Book: 2,99 Euro
ISBN: 978-3948510008

Oder darf es auch mal ein Krimi sein?
„Mord im Schatten des Turms" – ein Krimi aus dem Taunus

Die rüstige Landfrau Rita Lauer aus Wülferode wird nach einer Hüftoperation zur Behandlung in die Rehaklinik Eulenstein im Vordertaunus eingewiesen. Bereits in der ersten Woche verschwindet ihre Mitrehabilitandin und Tischnachbarin Ariane spurlos. Zunächst ist es nur die Angst vor der Einsamkeit, die Rita veranlasst, ihre Freundinnen Ute und Rosi zur Osterzeit in einem Gasthaus in Eppstein einzuquartieren. Sehr schnell aber rückt das Verschwinden von Ariane in den Mittelpunkt. Sie wurde am Fuß des Neufville-Turms erdrosselt. Die Landfrauen nehmen die Ermittlungen in ihrem ersten, echten Kriminalfall auf. Alle Spuren scheinen zur Klinikleitung von Eulenstein zu führen. Dabei geraten Rita, Rosi und Ute auch selbst in Gefahr. Das Trio ist dem örtlichen Kriminalbeamten immer einen Schritt voraus und nicht nur er erkennt in ihnen Miss Marple hoch 3. Ein Taunus-Krimi mit einem Schuss Humor! Im Rahmen ihrer Recherchen besuchen die Landfrauen zahlreiche bekannte Plätze, Orte und Lokalitäten in Eppstein und Umgebung. Fast nebenbei lernen die Leser Spezialitäten der hessischen Küche kennen und tauchen in den liebenswerten Dialekt dieser Region ein.

Erschienen am 24.04.2020 im Wellengeflüster Verlag
Preis: 12,50 Euro, E-Book: 2,99 Euro
ISBN: 978-3948510046

Wenn Sie mehr zu unserem Verlagsprogramm erfahren möchten, dann besuchen Sie doch unsere Verlagsseite im Internet!

www.wellengefluester-verlag.de

Dort finden Sie neben einem professionellen Onlineshop auch einen Blog mit stets neuesten Informationen über den Verlag und Sie finden hier auch Lesungstermine unserer Autoren.